RANDONNÉE PÉDESTRE MONTRÉAL ET ENVIRONS

Yves Séguin

D1745211

ÉDITIONS
ULYSSE

Le plaisir... de mieux voyager

Direction de collection Claude Morneau	Correction Pierre Daveluy	Illustrations Jean-François Bienvenue
Direction de projet Pascale Couture	Collaboration Lorette Pierson Benoit Prieur François Rémillard	Direction artistique Patrick Farei Atoll Direction
Recherche et rédaction Yves Séguin		Photographie Tibor Bognar
Cartographie André Duchesne	Mise en pages Pierre Daveluy Isabelle Lalonde Alain Rondeau	

Remerciements particuliers à : Anne Arseneault, Guy Avon, Marie Bouchard, Stéphane Bourassa, Richard Chartier, Nathalie Chénier, Éric Côté, Daniel Coulombe, Luc Dumouchel, André Fortin, Marie-Josée Guy, Bernard Hallé, Nathalie Juteau, Marc Laboissière, Chantal Lemieux, Lyne Marier, Sylvie Ouellette, Guylaine Parr, Yvan Patry, Anne Pontbriand, Yves Robert.

Merci également à : Communauté urbaine de Montréal, Distribution Médiatel, Fédération québécoise de la marche, La Cordée, La Maison des cyclistes, La Presse, Parcs Canada (Patrimoine canadien), Parcs Québécois, Tourisme Québec, Ville de Montréal; pour leur soutien financier la SODEC (Gouvernement du Québec) ainsi que le Ministère du Patrimoine canadien (Gouvernement du Canada).

Distribution

Distribution Ulysse
4176, rue St-Denis
Montréal, Québec
H2W 2M5
☎ (514) 843-9882,
poste 2232
Fax : 514-843-9448

Belgique :
Vander
Av. des Volontaires, 321
B-1150 Bruxelles
☎ (02) 762 98 04
Fax : 02 762 06 62

Espagne :
Altaïr
Balmes 69
E-08007 Barcelona
☎ (3) 323-3062
Fax : (3) 451-2559

Italie :
France :
Vilo
25, rue Ginoux
75737 Paris,
CEDEX 15
☎ 1 45 77 08 05
Fax : 1 45 79 97 15

Edizioni Del Riccio
50143 Firenze
Via di Soffiano 164/A
☎ (055) 71 63 50
fax : (055) 71 63 50

Suisse :
Diffusion Payot SA
p.a. OLF S.A.
Case postale 1061
CH-1701 Fribourg
☎ 37 83 51 11
Fax : 37 26 63 60

Tout autre pays, contactez Distribution Ulysse (Montréal), Fax : (514) 843-9448
Other countries, contact Ulysses Books & Maps (Montréal), Fax : (514) 843-9448

Données de catalogage avant publication (Canada)

Vedette principale au titre :
Séguin, Yves, 1961-
Randonnée pédestre Montréal et environs
     (Guide de voyage Ulysse)
     Comprend un index.
     ISBN 2-89464-101-X
1. Randonnée pédestre - Québec (Province) - Montréal, Région de - Guides
2. Montréal, Région de (Québec) - Guides.   I. Titre   II. Collection
GV199.44.C22M6 1996   796.5'1'0971427   C96-940441-7

«L'hiver est passé. Le printemps est commencé. Il pousse des cheveux verts au travers de la paillasse où la neige a dormi. Il pousse des cheveux doux tout le long de mes pas. Je marche sur la terre et dans l'air, derrière Christian. Gréés d'un cahier, d'une plume et d'un encrier, nous dressons un inventaire en règle de notre faune. Nous sommes des Christophe Colomb. Pied carré par pied carré, nous découvrons l'île.»

- Réjean Ducharme, *L'avalée des avalés*

À PROPOS DE L'AUTEUR

Randonnée pédestre, ski de fond, escalade, vélo... depuis une douzaine d'années, Yves Séguin a touché à tout dans le domaine du plein air. Il a d'ailleurs œuvré comme recherchiste à l'émission de télévision *Oxygène* et, depuis 1995, il signe de nombreux articles au quotidien *La Presse* à titre de journaliste spécialisé.

Auteur des guides *Randonnée pédestre au Québec*, *Randonnée pédestre dans le Nord-Est des États-Unis* et *Ski de fond au Québec*, également publiés aux Éditions Ulysse, Yves a aussi été formateur en randonnée pédestre et en orientation (cartes et boussole) pour le programme de formation à la Fédération québécoise de la marche.

Yves est né à Sainte-Rose de Laval en 1961. Éducateur physique, il est titulaire d'un baccalauréat de l'Université du Québec à Montréal (UQAM) depuis 1990, ainsi que d'un certificat en sciences de l'éducation de la même université depuis 1994.

SOMMAIRE

LISTE DES CARTES

**Merci de contribuer à l'amélioration des guides
Espaces verts Ulysse!**

Tous les moyens possibles ont été pris pour que les renseignements contenus dans ce guide soient exacts au moment d'aller sous presse. Toutefois, des erreurs peuvent toujours se glisser, des omissions sont toujours possibles, des adresses peuvent disparaître, etc.; la responsabilité de l'éditeur ou des auteurs ne pourrait s'engager en cas de perte ou de dommage qui serait causé par une erreur ou une omission.

Nous apprécions au plus haut point vos commentaires, précisions et suggestions, qui permettent l'amélioration constante de nos publications. Il nous fera plaisir d'offrir un de nos guides aux auteurs des meilleures contributions. Écrivez-nous à l'adresse qui suit, et indiquez le titre qu'il vous plairait de recevoir (voir la liste à la fin du présent ouvrage).

**Éditions Ulysse
4176, rue Saint-Denis
Montréal, Québec
H2W 2M5**

PRÉFACE

Lorsqu'il s'agit de mettre le nez dehors, Yves Séguin est un guide efficace et précis, parce qu'il fréquente les lieux dont il parle et pratique ce qu'il prêche.

Grâce à lui, de nombreux amants du plein air ont découvert des coins à leur goût au Québec ainsi qu'en Nouvelle-Angleterre et ont ajouté de nouvelles adresses précieuses à leur agenda.

Cette fois, Yves Séguin défriche pour nous cette étonnante contrée qu'est la région métropolitaine de Montréal. Il nous fait faire de jolies découvertes, nous révèle des secrets (jusqu'ici) bien gardés ou des trésors que nous ne voyions pas, soit parce qu'ils nous sautaient aux yeux (le boulevard Saint-Laurent, majestueux sentier de 11 km accessible 24 heures par jour), soit parce qu'ils viennent à peine d'éclore (le Bois de l'Île des Sœurs), soit parce qu'ils sont bien camouflés (l'Arboretum Morgan, le Bois Chomedey).

Dans ce nouveau «Séguin», l'histoire et le caractère propres à chaque site sont abordés d'une façon beaucoup plus détaillée que dans l'ouvrage précédent, ce qui, cela va de soi, présente davantage d'intérêt que la configuration des boucles d'un quelconque parc.

Aux parfaits néophytes comme aux férus de la randonnée pédestre, mon conseil est simple : «Lisez "Séguin" et partez!»

Richard Chartier
La Presse

Situation géographique dans le monde

Le Québec
Capitale : Québec
Population : 7 000 000 hab.
Monnaie : dollar canadien
Superficie : 1 550 000 km²

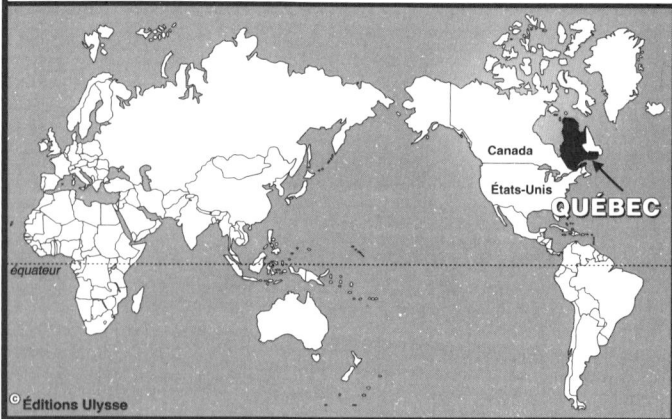

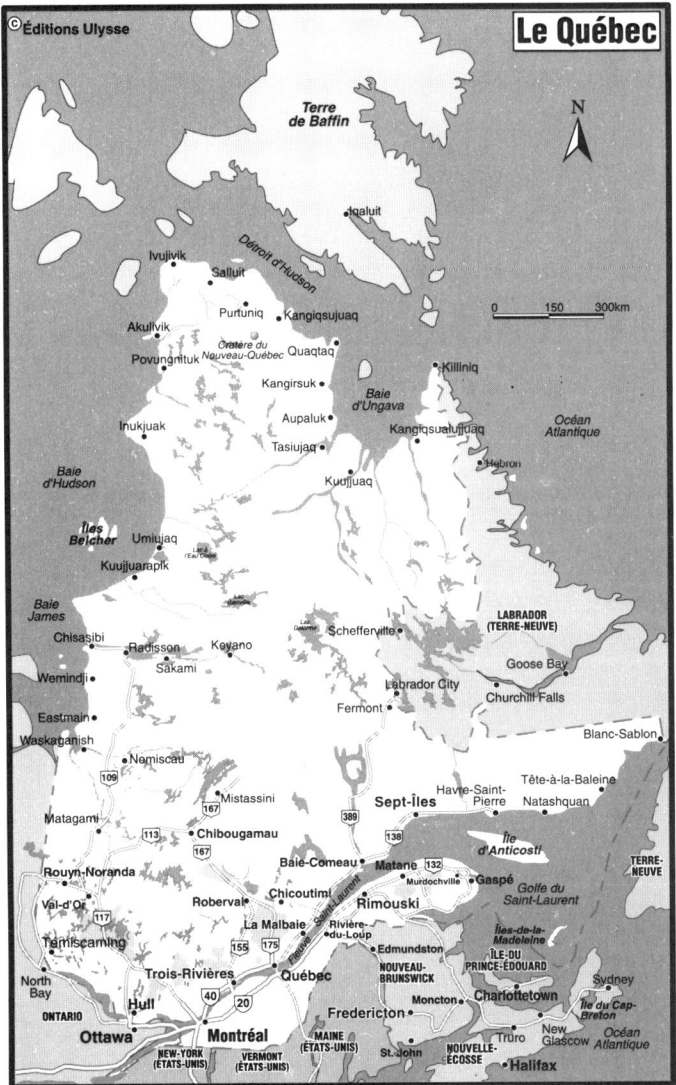

Le Québec

N

Terre de Baffin

Iqaluit

Détroit d'Hudson

Ivujivik
Salluit
Purtuniq
Kangiqsujuaq
Akulivik
Cratère du Nouveau-Québec
Quaqtaq
Povungnituk
Killiniq
Kangirsuk
Baie d'Ungava
Inukjuak
Aupaluk
Kangiqsualujjuaq
Tasiujaq
Hebron

Océan Atlantique

0   150   300km

Baie d'Hudson

Kuujjuaq

Îles Belcher
Umiujaq
L. à l'Eau Claire
Kuujjuarapik

Baie James

Lac Bienville

Chisasibi
Radisson
Keyano
Schefferville
LABRADOR (TERRE-NEUVE)
Sakami
Wemindji
Goose Bay
Labrador City
Churchill Falls
Eastmain
Fermont
Waskaganish
Blanc-Sablon
Nemiscau
109
Mistassini
Tête-à-la-Baleine
Havre-Saint-Pierre
Matagami
167
Sept-Îles
Natashquan
389
113
Chibougamau
138
167
Baie-Comeau
Matane
132
Île d'Anticosti
Rouyn-Noranda
Chicoutimi
Murdochville
Gaspé
TERRE-NEUVE
Roberval
Rimouski
Golfe du Saint-Laurent
Val-d'Or
117
La Malbaie
Rivière-du-Loup
Îles-de-la-Madeleine
Témiscaming
155
175
ÎLE DU PRINCE-ÉDOUARD
North Bay
Edmundston
Sydney
Trois-Rivières
Québec
NOUVEAU-BRUNSWICK
Charlottetown
Île du Cap-Breton
ONTARIO
Hull
40
20
Moncton
Ottawa
Fredericton
Truro
New Glasgow
Océan Atlantique
Montréal
NEW-YORK (ÉTATS-UNIS)
VERMONT (ÉTATS-UNIS)
MAINE (ÉTATS-UNIS)
St. John
NOUVELLE-ÉCOSSE
Halifax

MONTRÉAL ET
LA RANDONNÉE

Ce guide de randonnée pédestre a pour but de faire découvrir les plus beaux sentiers de Montréal et de ses environs. Il ne s'agit donc pas de décrire tous les endroits possibles où l'on peut faire de la randonnée pédestre (tel un répertoire), mais de réunir dans un même volume les sites offrant des sentiers intéressants, mais également des paysages, une faune, une flore ou un passé historique susceptibles de captiver le randonneur. Cet ouvrage cherche donc à démontrer que nul n'est besoin de parcourir des centaines de kilomètres en voiture pour s'évader quelques heures dans la nature et marcher au rythme des saisons.

Tout en répondant aux questions qu'un débutant peut se poser (distances, adresses, alimentation, habillement, secourisme, etc.), ce guide informe aussi les habitués de la randonnée pédestre grâce à un choix d'itinéraires moins connus mais très intéressants.

Ce guide cherche également à répondre aux attentes de ceux et de celles qui désirent effectuer de courtes et belles randonnées, là où il est facile de se rendre avec les transports publics ou à vélo.

Après la sortie des guides «Espaces verts Ulysse» *Randonnée pédestre dans le Nord-Est des États-Unis* et *Randonnée pédestre au Québec*, plusieurs lecteurs ont réclamé un guide similaire couvrant en profondeur les lieux de randonnée pédestre à Montréal et dans ses proches environs. La grande région métropolitaine, qui comprend l'île de Montréal, Laval, la Rive-Nord et la Rive-Sud, compte plus de 3 200 000 habitants, soit près de la moitié de la population de tout le Québec. Il est vrai de constater que, depuis 1990, la randonnée pédestre ne cesse de faire de nouveaux amateurs. D'ailleurs, l'enquête Santé Québec effectuée en 1993 démontre que «81 % des gens dont l'âge varie entre 45 et 64 ans préfèrent la marche comme activité physique».

Ainsi, dans un rayon de moins de 50 km autour de Montréal, nous vous proposons pas moins de 46 sites où la randonnée pédestre constitue le meilleur moyen de découvrir, de sentir et d'explorer la grande région métropolitaine. C'est donc plus de 500 km de sentiers de randonnée pédestre qui n'attendent que les marques de vos semelles!

Les transports

■ Les transports publics

La grande majorité des sites décrits dans ce guide sont accessibles par les transports publics. Sur l'île de Montréal, notamment, le service de métro et d'autobus de la Société de transport de la Communauté urbaine de Montréal (STCUM) est des plus efficaces.

Par contre, dès que l'on s'aventure en dehors de l'île de Montréal, les transports publics ne sont pas toujours à la hauteur. Il est toujours étonnant de constater qu'aucun transport public ne mène à un lieu de randonnée, pourtant fort populaire, situé à seulement quelques dizaines de kilomètres de Montréal. Le randonneur devrait alors s'informer de la possibilité de prendre un taxi à partir de l'arrêt d'autobus (ou de la gare) situé le plus près du lieu convoité.

Pour informations et renseignements

Montréal : Société de transport de la Communauté urbaine de Montréal (STCUM), métro et autobus, ☎ (514) 288-6287 (correspondant aux lettres du mot «AUTOBUS» sur le clavier du téléphone).

Laval : Société de transport de Laval (STL), ☎ (514) 688-6520. Notez que le terminus d'autobus de la STL est situé au métro Henri-Bourassa, à Montréal.

Rive-Nord : Autobus Limocar Basses-Laurentides, ☎ (514) 435-8899 (terminus Henri-Bourassa). Limocar Laurentides, ☎ (514) 435-6767 (terminus Berri-UQAM). CIT Deux-Montagnes, ☎ (514) 472-5511. CITM, ☎ (514) 477-1110.

Rive-Sud : Société de transport de la Rive-Sud de Montréal (STRSM), ☎ (514) 463-0131. Le terminus est situé au métro Longueuil. Autobus Auger, ☎ (514) 699-2001. Autobus Limocar, ☎ (514) 446-8899. Autobus Viens, ☎ (514) 441-5555. Le Richelin, ☎ (514) 359-6024. CIT Roussillon, ☎ (514) 638-2031.

Autobus Voyageur : ☎ (514) 842-2281. Le terminus est situé au métro Berri-UQAM.

Trains de banlieue Montréal/Deux-Montagnes et Montréal/Rigaud : ☎ (514) 288-6287.

Traversiers : Oka/Hudson, ☎ (514) 458-4732; Laval-sur-le-Lac/Île Bizard, ☎ (514) 627-2526; navette fluviale Montréal/Longueuil et Boucherville/Île Gros-Bois, ☎ (514) 842-1053; bateau-passeur Longueuil/Île Charron, ☎ (514) 442-9575. Informations générales : ☎ (514) 281-8000.

■ Le vélo

Comme les distances sont relativement courtes entre les différents sites, à partir de Montréal, il peut être avantageux d'opter pour le vélo comme moyen de transport.

Pour préparer la saison, se faire suggérer des balades, planifier une sortie ou un voyage, acheter des cartes et des livres, ou tout simplement pour se donner le goût de faire du vélo, il faut se rendre à la **Maison des cyclistes** *(1251 rue Rachel Est, Montréal,* ☎ *514-521-VÉLO ou 1-800-567-VÉLO)*, angle Rachel et Brébeuf. Située en bordure de la piste cyclable depuis août 1994, la Maison des cyclistes est une réalisation du Groupe Vélo, qui comprend Vélo Québec, Les Éditions Tricycle ainsi que le Tour de l'Île de Montréal. On y retrouve un comptoir d'informations, un service d'accueil ainsi que des produits touristiques pour cyclistes.

Les petits guides *Pédaler Montréal* et ses environs (32 p., 3,20 $), et *10 randonnées à vélo dans la région de Montréal* (40 p., 5,30 $), de même que la carte *Le Québec à vélo* (4,50 $), sauront fournir de précieux renseignements aux cyclistes.

Il y a longtemps que je marche...♪ ♫

Depuis la nuit des temps, l'être humain se déplace en utilisant la marche comme moyen de locomotion. On dit qu'il marchait déjà il y a près de trois millions d'années. En fait, que ce soit pour aller à la chasse ou à la cueillette, pour livrer bataille à l'ennemi, pour amener les animaux dans les alpages, pour effectuer un pèlerinage, ou simplement pour aller travailler ou s'instruire, la marche a toujours été au centre des déplacements de l'homme.

Il a fallu attendre jusqu'à la fin du XVIIIe siècle pour qu'elle devienne un spectacle. Des marches d'endurance étaient alors organisées, notamment en Angleterre. Différentes épreuves virent le jour, dont une où il fallait réussir à parcourir la distance de 100 milles dans un temps maximal de 24 heures. Ce qui fut réussi en 1762 (23 heures 15 min). D'autres épreuves étaient échelonnées sur plusieurs jours, et les spectateurs se pressaient le long du parcours. Des records tels que parcourir 400 milles en six jours, 700 milles en 14 jours ou 1 000 milles en 1 000 heures étaient et restent toujours de formidables performances.

La marche en montagne vient d'aussi loin que l'ère romaine. À cette époque, de nombreux sentiers (voies romaines) furent aménagés afin de franchir les différents cols européens. Ces sentiers ainsi que plusieurs autres petits sentiers montagneux servirent également (et servent toujours) à mener les animaux dans les alpages, ces pâturages de haute montagne. Plusieurs sont désormais devenus de spectaculaires sentiers de randonnée pédestre.

Au Québec, ce n'est pas d'hier que l'on fait de la randonnée pédestre. Les premiers sentiers ont surtout servi d'accès aux différentes parois d'escalade du Québec. Ainsi, les membres du Club de Montagne le Canadien (CMC), fondé en 1949, parcouraient déjà des sentiers. Un peu plus tard, dans les Laurentides, dans Charlevoix, au Saguenay, en Gaspésie et en Estrie, on se mit à ouvrir des sentiers, à les baliser et à les entretenir.

Le 15 octobre 1974, le Comité québécois des sentiers de randonnée voit le jour. Puis, il s'associe à la Fédération québécoise de la raquette pour devenir Sentiers-Québec (1978) et, en 1983, la Fédération québécoise de la marche.

■ La Fédération québécoise de la marche

La Fédération québécoise de la marche (FQM), présidée par Pierre Fugère, tente de rassembler tous les amoureux de la marche (randonnée pédestre, marche urbaine, marche rapide, etc.), afin que cette activité soit connue et reconnue de tous. La FQM a pour mission le développement de la marche sous toutes ses formes.

N'ayant plus droit qu'à de maigres subventions gouvernementales, la FQM compte sur l'adhésion à son association afin de survivre et de se développer. L'adhésion annuelle à la FQM (individuelle 20 $, familiale 25 $) permet de recevoir la revue *Marche*, publiée quatre fois par année, de profiter de rabais dans certaines boutiques de plein air ainsi que sur les produits vendus à la FQM. La FQM a également mis sur pied un centre de documentation sur les sentiers du Québec (Albatros Documentation), en plus de vendre une pléiade de livres portant sur le plein air (Diffusion Plein Air). Le personnel de la FQM peut également répondre à toutes vos questions portant sur la randonnée ou vous référer à une personne-ressource.

La FQM ne fonctionne qu'à l'aide de bénévoles, aucune personne n'étant salariée! C'est dire à quel point ces bénévoles ont à cœur le développement de la marche au Québec. Alors, si votre appel n'est pas retourné la journée même, soyez indulgent et compréhensif envers ces passionnés de la randonnée. D'ailleurs, si le goût de vous impliquer bénévolement une, deux ou 20 heures par semaine se manifeste, n'hésitez aucunement. En plus de vous faire de nouveaux amis, vous servirez une bonne cause.

Une fois l'an, la FQM organise un grand rassemblement de marcheurs. C'est l'occasion de découvrir un nouveau coin du Québec et de rencontrer différents intervenants de la FQM.

La FQM a ses bureaux au 4545 de l'avenue Pierre-de Coubertin, casier postal 1000, succursale M, Montréal, H1V 3R2, ☎ (514) 252-3157, ⇄ 254-1363.

Les clubs de marche, de randonnée...

La randonnée pédestre est une activité que l'on pratique souvent en couple ou en famille. Pourtant, il existe beaucoup de clubs de marche au Québec. Les raisons qui poussent une personne à joindre un club sont très nombreuses, mais deux viennent en tête de liste. D'abord, on joint un club pour se motiver, pour combattre la paresse qui nous guette, qui nous empêche «d'aller jouer dehors». Ensuite, c'est la rencontre de gens qui partagent le même intérêt pour une activité physique spécifique, qui motive à s'inscrire à un club.

Le sentier national

Le sentier national est un projet né en 1977, afin de raccorder les sentiers pédestres canadiens de l'Atlantique au Pacifique! Ainsi, un jour, l'objectif visé étant l'an 2000, nous pourrons marcher quelque 10 000 km «sans interruption», de Terre-Neuve à la Colombie-Britannique!

La portion québécoise de ce sentier national relève du comité du Sentier national au Québec (SNQ), fondé en 1990. Ce comité de bénévoles est rattaché à la Fédération québécoise de la marche.

Au Québec, le sentier national prévoit traverser sept régions, soit l'Outaouais, les Laurentides, Lanaudière, Mauricie - Bois-Francs, la région de Québec, Charlevoix et le Bas-Saint-Laurent. Sur les 1 000 km de sentiers prévus, plus de 130 km ont été inaugurés jusqu'à présent, soit dans les régions de l'Outaouais, des Laurentides et de Lanaudière.

Ici également, l'appel est lancé à tous ceux et celles qui aimeraient s'impliquer bénévolement dans un tel projet. Pour rejoindre le comité du sentier national au Québec, il suffit de téléphoner à la Fédération québécoise de la marche au ☎ (514) 252-3157. Réal Martel est le coordonnateur de ce projet.

Il faut savoir «magasiner» son club de marche, car il en existe pour tous et pour tous les goûts : clubs de marche urbaine, de marche à l'intérieur, de marche rapide, de marche d'endurance, de randonnée en montagne, de randonnée-voyage, clubs pour célibataires, pour aînés, etc. Certains clubs proposent différents types de sorties ainsi que le transport. D'autres clubs optent pour le covoiturage, ce qui réduit passablement le coût d'une sortie.

Il est intéressant de noter que plusieurs clubs de la grande région métropolitaine, à l'instar du club Les marcheurs du Mont-Royal, organisent des sorties urbaines en semaine, principalement en soirée. Selon le marcheur, ces sorties peuvent être perçues comme une activité en elle-même, ou comme un entraînement en vue des prochaines randonnées. Peu coûteuses, ces sorties permettent de maintenir une bonne forme physique ainsi qu'un bon rythme de marche (en moyenne autour de 6 km/h), en plus de créer des liens d'amitié.

Pour trouver le club qui vous convient ou celui situé dans votre région, il suffit de contacter la Fédération québécoise de la marche au ☎ (514) 252-3157. À noter également que plusieurs cégeps et universités ont leur propre club de plein air et organisent des sorties de randonnée pédestre.

■ Fonder un club de randonnée

Plusieurs personnes préfèrent fonder leur propre club de randonnée. Avec l'aide de quelques amis, il est assez facile de planifier les tâches : covoiturage, sécurité, chaîne téléphonique, etc. Mais plus le club prend de l'expansion, plus il faut savoir planifier et se conformer.

Afin de simplifier la tâche de former un club de randonnée, qu'il soit petit ou grand, Nicole Blondeau de la Fédération québécoise de la marche a écrit une brochure très utile sur le sujet, intitulée *Former un club de marche, c'est facile*. Agréable à parcourir, celle-ci vous renseignera sur toutes les étapes à suivre, afin que votre club puisse vivre heureux et longtemps. Produite en collaboration avec Kino-Québec, cette brochure est disponible gratuitement à la FQM ou dans un des bureaux de Kino-Québec.

La marche récompensée

Marcher en groupe un nombre de kilomètres bien défini, à un rythme également bien réglementé, permet à ses participants de se voir récompenser pour l'effort qu'ils ont soutenu. La marche brevetée réunit de plus en plus d'amateurs au Québec. Cette forme de marche plutôt sportive est accessible à tout marcheur en bonne forme physique et intéressé à parcourir des distances relativement longues. Le but premier de tels événements est de faire connaître et apprécier davantage la marche au public, en démontrant que prendre une marche ne signifie pas nécessairement aller promener son chien dans le parc. Selon certains marcheurs, la marche est ici poussée jusqu'à sa limite, dans le sens où des marches s'effectuent sur 100 et même 150 km!

Trois types de marche brevetée sont populaires au Québec :

● **La marche Audax** : La marche Audax relève du mouvement international Audax. Elle a vu le jour en 1904, en France, et son fondateur est Henri Desgrange. On y retrouve des épreuves de 25, 50, 75, 100, 125 et 150 km. Brevets et épinglettes récompensent le marcheur. La marche Audax se déroule en groupe et est menée par un capitaine de route, que l'on ne peut dépasser, agissant à titre de *leader* et imposant le rythme de marche (6 km/h), ainsi que les pauses obligatoires.

- **La marche Dynamique** : La marche Dynamique est exclusivement québécoise. Les règlements sont sensiblement les mêmes que ceux de la marche Audax. On y retrouve des épreuves de 25, 35, 50, 75 et 100 km. Des brevets et épinglettes sont également remis aux participants. Grâce aux divers entraînements et épreuves, la progression dans la pratique de la marche s'effectue avec régularité.

- **Les Volksmarches** : Les Volksmarches sont reliées à une fédération internationale (Volkssport). Elles se veulent plus populaires et moins sportives que les marches Audax et Dynamique. Les règlements sont moins strictes, et les distances à franchir, relativement courtes (de 10 à 20 km en général). Le rythme de marche n'est pas imposé, la distance à franchir étant le but de l'épreuve. Des crédits de participation et de kilométrage permettent de se procurer épinglettes, écussons et certificats.

Pour plus d'informations sur les différentes marches brevetées, contactez la Fédération québécoise de la marche au ☎ (514) 252-3157.

Jeu questionnaire : La randonnée à Montréal et environs

Vrai ou faux...

1. La grande région métropolitaine offre plus de 500 km de sentiers de randonnée pédestre.

2. En 1762, un marcheur parcoura la distance de 100 milles (160 km) en moins de 24 heures.

3. Les voies romaines sont d'anciens canaux navigables d'Europe.

4. Contrairement à la marche Audax (internationale), la marche Dynamique est exclusivement québécoise.

5. L'effet des diverses surfaces sur la dépense énergétique est peu significatif.

6. La marche athlétique est également appelée marche olympique.

7. L'essoufflement vient du déséquilibre entre la quantité d'air inspirée (oxygène) et celle expirée (gaz carbonique).

8. Le cœur n'a pas de fréquence cardiaque maximale.

9. L'échauffement consiste à enfiler davantage de vêtements.

10. Les besoins en eau du corps sont de l'ordre de 2,5 litres par jour.

11. L'hyperthermie est une élévation de la température normale du corps (37 °C).

12. En groupe, il faut suivre le rythme du plus rapide.

13. Pour les randonnées d'une journée, un petit sac à dos, d'environ 70 l, fera l'affaire.

14. Le système multi-couches a été inventé par William B. Pampers.

15. L'île Notre-Dame est une île formée artificiellement.

16. Le mont Saint-Grégoire fait partie des collines montérégiennes.

17. Le Centre d'interprétation de la nature du lac Boivin est situé près de Mirabel.

18. L'attrait majeur du Parc régional des îles de Saint-Timothée est sa magnifique plage sablonneuse.

19. On retrouve un blockhaus au Lieu historique national de Coteau-du-Lac.

20. Le Parc archéologique de la Pointe-du-Buisson est situé sur l'île Perrot.

21. La maison Pitfield se trouve dans le parc-nature de l'Île-de-la-Visitation.

22. Le sentier du canal de Lachine fait 14 km.

23. À l'origine, le parc Angrignon devait abriter un important jardin zoologique.

24. Les parcs-nature de la CUM étaient autrefois appelés parcs régionaux.

25. Le parc-nature de la Pointe-aux-Prairies abrite les seuls bois matures à l'est du mont Royal.

26. Le parc des Îles-de-Boucherville est un parc régional.

27. Le mont Saint-Hilaire a été classé «refuge d'oiseaux migrateurs» par le gouvernement fédéral.

28. À l'Écomuséum, il est possible d'observer des animaux amenés d'Asie et d'Afrique.

29. Il est possible de promener son chien dans les sentiers de la Presqu'île.

30. Un arboretum est un lieu où des coupes à blanc ont été effectuées.

Réponses à la fin du guide, p 198.

LA RANDONNÉE

La marche est un exercice qui sollicite les capacités aérobies de l'organisme (elle met à profit les appareils respiratoire et circulatoire, qui facilitent l'oxygénation des poumons et le bon fonctionnement du système cardiovasculaire); il est donc naturel que la respiration subisse des fluctuations au début d'une randonnée, car la consommation d'oxygène augmente alors rapidement. Après un certain temps, un plateau est atteint, et la consommation d'oxygène se stabilise.

Étant un exercice complet, la randonnée pédestre procure plusieurs bienfaits physiques et psychologiques chez le randonneur. Toute personne qui la pratique régulièrement (randonnées les fins de semaine et marche en semaine) voit des changements positifs s'opérer en elle.

D'abord, au niveau cardiovasculaire, la masse et le volume du cœur augmentent. Le volume sanguin s'élève également, ainsi que le débit cardiaque. Par contre, la fréquence cardiaque au repos diminue. La quantité d'oxygène extraite du sang augmente, parce que le cœur distribue mieux le sang vers les muscles actifs.

L'entraînement aérobie réduit les pressions systoliques et diastoliques (pression sanguine) au repos et au cours d'un exercice submaximal, particulièrement chez les hypertendus. Toutes ces modifications font qu'après quelque temps on refait la même randonnée en constatant, à la fin, que l'on se sent bien mieux qu'aux occasions précédentes.

Selon la grande majorité des experts en santé (médecins, éducateurs physiques, physiothérapeutes, kinésithérapeutes, etc.), la marche demeure l'exercice physique le plus complet et le moins violent. Plusieurs groupes de muscles (jambes, abdomen, thorax) sont sollicités, de même que la plupart des articulations. Il est reconnu que plus le cœur, les muscles, les os et les articulations sont sollicités, plus ils fonctionnent adéquatement, le poids des années ne se faisant sentir que très lentement.

La randonnée pédestre procure également des bienfaits psychologiques. La vie simple et le contact avec la nature ramènent à l'essentiel. La contemplation, l'observation et l'air pur conduisent à la détente psychologique. On revient d'une randonnée rempli d'énergie et serein, mais vidé de toute ces tensions nerveuses qu'amène la vie de tous les jours. Comme l'écrivait si bien Dominique Poncet : «En marchant, on sème sur la route ses soucis, ses stress et ses angoisses, comme si l'esprit se vidait par les pieds de toutes ses mauvaises humeurs et se remplissait de pensées nouvelles et d'idées vivifiantes par les yeux et par la bouche.»

La pratique de la randonnée pédestre ne demande aucune concentration particulière, contrairement à des sports plus exigeants techniquement, ce qui laisse tout le loisir au randonneur pour méditer ou réfléchir. Il est très fréquent que de nouvelles idées, positives en général, naissent alors de cet état de bien-être. Pas étonnant que pour certains randonneurs, marcher chaque jour devient, non pas une obligation, mais un besoin profond de se retrouver avec soi-même.

Physiologie de la marche

Bien sûr, faire de la randonnée pédestre, c'est marcher. Mais il y a plusieurs façons de marcher selon le type de terrain. L'effet des diverses surfaces sur la dépense énergétique est significatif. Tout comme il y a une différence entre marcher sur une avenue, sur la neige ou sur une dune de sable, marcher en forêt (boue, cailloux, etc.) est plus fatigant que se promener sur un trottoir.

La marche ou la randonnée pédestre peut se pratiquer sous de multiples formes. La marche inclut habituellement le côté sportif de l'activité, où une amélioration du geste technique, de la forme physique et de la vitesse est prise en considération. La marche est une activité plutôt axée sur la personne que sur l'environnement. La randonnée pédestre se distingue de la marche par son côté plus «nature», du fait qu'elle est un moyen (et non une fin) de locomotion permettant au randonneur de fréquenter des milieux naturels diversifiés. La randonnée pédestre est donc davantage axée sur l'environnement de la personne, plutôt que sur la personne elle-même. Bien sûr, l'un n'empêche pas l'autre, et la randonnée pédestre peut être très sportive et exigeante physiquement, entraînant une nette amélioration de la forme physique du randonneur.

■ Les différentes formes de marche et de randonnée

La marche de base : Aussi appelée marche naturelle, de santé ou de promenade, c'est la forme de marche que tous pratiquent. D'une vitesse relativement lente (3-4 km/h), la marche de base ne vise pas l'amélioration de la forme physique, mais plutôt son maintien.

La marche rythmée : Cette forme de marche demande un plus grand effort physique que la précédente. La marche rythmée (5-6 km/h) est la forme de marche à privilégier, si l'on veut obtenir une amélioration de la forme physique. Une fois habitué à la marche rythmée, le marcheur peut effectuer de longs parcours sans se sentir trop fatigué.

La marche rapide : La marche rapide (6-8 km/h) est qualifiée de sportive et demande un certain temps pour s'y adapter. Les mouvements du corps sont plus dynamiques, et le cœur est davantage sollicité. La marche rapide procure les mêmes bienfaits que ceux de la course à pied, sans ses inconvénients (notamment les blessures causées par les nombreux impacts au sol).

La marche athlétique : La marche athlétique, également appelée marche de compétition ou marche olympique, exige des gestes techniques spécifiques ainsi qu'une assez bonne forme physique de base. La marche athlétique (8-15 km/h) permet également à l'athlète de se mesurer à d'autres marcheurs, lors de diverses compétitions organisées. (Ceux et celles qui désirent en connaître davantage sur les différents types de marche sportive se procureront l'excellent livre *La marche sportive, pour la santé et la forme*, de Daniel Lévesque, Guy Saint-Jean éditeur, 1990, 451 p.)

La randonnée pédestre : La randonnée pédestre mène le randonneur en forêt, en montagne, à travers champs ou dans quelque autre milieu naturel. Nullement axée sur la vitesse de déplacement, la randonnée pédestre présente tout de même des difficultés en raison des dénivellations du terrain et du type de sol (herbe, sable, boue, neige, etc.) rencontrés. Les randonneurs expérimentés adoptent fréquemment un type de marche semblable à celui de la marche rythmée.

La longue randonnée : Cette forme de randonnée pédestre permet au randonneur de vivre plusieurs jours consécutifs en forêt ou en montagne. La difficulté première réside dans le fait de porter un lourd sac à dos.

Le trekking : Le trekking est une longue randonnée pédestre exécutée dans une région éloignée et sauvage. Le trekking, qui dure souvent plus d'une semaine, allie habituellement tourisme exotique, aventure et altitude. La chaîne de l'Himalaya est sans contredit le haut lieu du trekking dans le monde.

La haute montagne : La randonnée pédestre en haute montagne est indissociable de l'alpinisme, du fait qu'elle nécessite un équipement spécialisé (crampons, cuissard, corde, piolet, etc.), ainsi qu'une bonne connaissance des dangers reliés à la montagne (avalanches, acclimatation à l'altitude, etc.). Toutefois, elle est accessible à tout randonneur en bonne forme physique. Les Rocheuses canadiennes et américaines, les Alpes et les Pyrénées offrent des dizaines de hauts sommets accessibles aux randonneurs.

Courte et longue randonnée : À noter que les termes «courte» ou «longue» randonnée n'ont rien à voir avec la distance à parcourir. Le terme «courte randonnée» signifie que le randonneur revient dormir à son point de départ et qu'il n'apporte avec lui qu'un petit sac à dos d'un jour comportant déjeuner, eau, chandail, anorak, appareil photo, etc. Le terme «longue randonnée» signifie que le randonneur transporte sur son dos tout ce dont il a besoin pour un minimum de deux jours (nourriture, vêtements, réchaud, gamelles, sac de couchage, tente, etc.). Une «courte randonnée» peut s'avérer passablement épuisante. Exemple : plus de 30 km de marche dans la journée, avec de fortes dénivellations. Une longue randonnée pourra être plus facile, si les distances à parcourir sont courtes et que la dénivellation s'avère peu importante.

■ Les types de marche

Lors d'une randonnée pédestre, on rencontre trois types de marche : la marche sur le plat, la marche en montant et la marche en descendant.

La marche sur le plat : Il est important de développer de bonnes habitudes de marche. Se traîner les pieds, le dos voûté, les yeux rivés au sol et prêt à tout moment à plonger vers l'avant, n'est pas ce qu'il y a de plus efficace en randonnée. Comme marcher c'est déplacer continuellement son centre de gravité vers l'avant, il importe d'adopter une bonne posture. La tête haute, le dos droit, les bras se balançant, le haut du corps est ainsi détendu. Les genoux ne devraient jamais être en complète extension (sauf en marche athlétique). Le pied devrait toucher le sol d'abord par le talon, puis se déployer rapidement. Il est préférable d'allonger le pas, plutôt que d'effectuer de nombreux petits pas, sans toutefois effectuer des longueurs excessives.

La marche en montant : À la différence de la marche sur le plat, où c'est le mouvement oscillatoire du centre de gravité qui nous fait avancer, la marche en montant exige une poussée continue. Le pied aura tendance à se poser à plat sous le centre de gravité. Cette position, où la cheville est tendue, génère souvent des douleurs à l'avant-jambe. Le tronc est légèrement fléchi vers l'avant, afin d'y amener le centre de gravité. Les muscles des genoux et de la hanche doivent également travailler plus intensément, afin de propulser le randonneur vers le haut de la pente.

La marche en descendant : En descente, il faut sans cesse freiner le centre de gravité. Ce travail «négatif» sollicite énormément les muscles et les tendons de la jambe. La marche en descendant demande de conserver le centre de gravité derrière la jambe qui freine la descente, en inclinant le corps vers l'arrière, ce qui ralentira la descente. Il faut également tendre la jambe vers l'avant, jusqu'à ce qu'elle touche au sol, puis la fléchir lentement, afin d'abaisser le centre de gravité. Comme un constant freinage est assumé par le bas de notre corps, la descente est souvent plus douloureuse que la montée. Il est donc néfaste de descendre une pente en courant, surtout si l'on porte un lourd sac à dos.

■ **Transporter une charge**

En plus d'effectuer des montées et des descentes, le randonneur doit transporter une charge dans son sac à dos. Il y a une différence entre marcher avec un sac à dos d'un jour et un sac à dos de plusieurs jours, dans lequel on transporte tout notre matériel. Un tel sac peut peser jusqu'à 25 kg. Par contre, le poids d'un sac à dos d'un jour peut parfois atteindre 7 kg, ce qui a tout de même un impact sur la dépense énergétique.

Même le poids des chaussures de marche fait dépenser plus d'énergie. Il en faut beaucoup plus pour transporter une charge fixée aux pieds qu'une autre ajustée au tronc.

■ Rythme

Le randonneur expérimenté connaît sa cadence de marche. Il sait qu'il ne faut pas démarrer à toute vitesse dans un sentier. Il cherche à trouver une vitesse de croisière où il se sentira bien, tout en ressentant un certain effort. Le randonneur expérimenté ne s'arrêtera pas au moindre petit signe de fatigue, car il sait que son organisme est en train de s'ajuster à l'effort qui lui est demandé.

L'essoufflement vient du déséquilibre entre la quantité d'air inspirée (oxygène) et celle expirée (gaz carbonique). Il survient lors d'un effort soutenu, les poumons ayant peine à absorber toute la quantité d'air nécessaire à la demande d'oxygène. Le randonneur augmente alors son rythme d'inspiration mais non celui de l'expiration, conservant ainsi plus d'air vicié dans les poumons. Lors d'une montée abrupte par exemple, le randonneur devrait donc se concentrer davantage sur son expiration.

L'essoufflement démontre, en général, le manque d'entraînement à l'effort ou un rythme de marche trop élevé pour les capacités physiques du moment. Pour contrer ce petit désagrément, le randonneur a tout intérêt à ralentir son rythme de marche, quitte à l'augmenter au fil de la randonnée.

En ce qui a trait aux moments de repos, chaque marcheur a sa petite routine. Mais la plupart des experts conseillent un repos de 10 min après chaque heure de marche. Chose certaine, il n'est pas très bon de s'arrêter à tous les quarts d'heure, car l'organisme n'a pas le temps de s'adapter à l'effort. Beaucoup de randonneurs ont même appris à boire et à grignoter tout en marchant. Il suffit simplement de ralentir la cadence.

J'ai du bon tabac dans ma...♪ ♩

Fumer en marchant constitue réellement un non-sens, en ce qui concerne le fonctionnement cardiorespiratoire. Pourtant, il est encore fréquent de voir des marcheurs «cigarette au bec». S'ils peuvent fumer tout en marchant, c'est qu'ils adoptent un rythme très lent. Les fumeurs devraient donc prendre la bonne habitude de marcher plus rapidement (5-6 km/h), ainsi ils constateront qu'il est pratiquement impossible de griller une cigarette à ce rythme. Une telle marche de santé quotidienne peut même contribuer à vaincre le tabagisme.

De plus, bon nombre de feux de forêt, même en milieu urbain, sont causés par une simple petite cigarette mal éteinte. Le randonneur fumeur devrait, à tout le moins, prendre l'habitude d'emporter un petit contenant, dans lequel il déposera sa cendre et ses mégots. À moins qu'il prenne tout simplement la bonne habitude de ne jamais emporter de cigarettes lors d'une randonnée.

Entraînement

Il est plaisant d'arriver au bout d'un sentier ou au sommet d'une montagne sans être trop fatigué ou essoufflé; on profite davantage du moment de repos qui est offert. On mange avec appétit, on se détend, et le retour s'entrevoit avec optimisme.

Pour bien apprécier une marche en forêt, ou pour tenter une randonnée très difficile, une bonne forme physique est importante. Pas besoin de s'entraîner trois heures par jour, de lever des haltères et de suivre un régime alimentaire spécifique.

Plusieurs petits trucs aident à accroître son endurance et sa résistance. D'abord la marche elle-même; marcher trois fois par semaine, une heure à chaque séance, à un rythme assez élevé (mais permettant la conversation) est le meilleur des entraînements. Au fil des semaines, on accélérera progressivement la cadence, ou l'on transportera un sac à dos chargé (de livres, par exemple).

Des activités comme le vélo, le jogging ou le ski de fond constituent également de bons entraînements pour la randonnée pédestre, car, tout comme la marche, ce sont des activités qui sollicitent les capacités aérobies de l'organisme. Une bonne façon de rendre les entraînements plus efficaces est de varier la durée, la fréquence et l'intensité de ceux-ci. Par exemple, effectuer de courtes sorties, mais à un rythme beaucoup plus élevé, amène de très bons résultats.

Il est également recommandé de modifier certaines de ses habitudes en vue d'améliorer sa condition physique : si c'est possible, se rendre au travail à pied ou à vélo; faire son épicerie à pied et, si les sacs sont trop lourds, pourquoi ne pas prendre son sac à dos; prendre l'escalier au lieu de l'ascenseur; au bureau, aller marcher quelques minutes après son déjeuner; regarder la télévision… en faisant du vélo stationnaire. Tous les moyens sont bons.

■ La fréquence cardiaque

Au repos, le cœur bat à un rythme moyen de 70 fois à la minute. Chez une personne sédentaire, cette fréquence peut augmenter à 90 fois à la minute, alors que, chez les personnes en grande forme physique, cette fréquence peut descendre à 40 fois à la minute. Afin de prendre la fréquence cardiaque, il suffit de presser doucement avec l'index et le majeur sur le cou (artère carotide), la tempe (artère temporale) ou le poignet (artère radiale). Ensuite, il faut compter le nombre de battements pendant 15 secondes et le multiplier par 4.

Le principe à retenir est que notre cœur a une fréquence cardiaque maximale (FCmax) et que l'entraînement aérobique, pour connaître des améliorations, doit se situer entre 70 % et 90 % de cette FCmax. En bas de 70 %, l'amélioration est très faible, alors qu'en haut de 90 % l'effort imposé au cœur est très grand.

Pour connaître notre fréquence cardiaque maximale (FCmax), il suffit de soustraire son âge au chiffre 220. Par exemple, pour une personne de 35 ans : 220 - 35 = 185 (FCmax).

Comme il est recommandé de s'entraîner à une fréquence située entre 70 % et 90 % de notre FCmax, il suffit de faire les calculs suivants afin de déterminer cette zone cible : 70 % x .185 (FCmax) = 130 battements à la minute, et 90 % x 185 (FCmax) = 167 battements à la minute. Donc, un entraînement où la fréquence cardiaque se situe entre 130 et 167 battements à la minute (pour une personne de 35 ans) apporterait une nette amélioration de la condition physique.

■ Avant de partir, toujours s'échauffer

Une fois que les bottes sont bien lacées et que l'on sait quel sentier emprunter, on est souvent pressé de partir afin de s'activer la circulation sanguine. Mais avant de s'élancer ainsi, les muscles froids et raides, il faut **absolument** prendre une dizaine de minutes afin de mettre en marche notre organisme et d'éviter bon nombre de blessures et de courbatures. C'est ce qu'on appelle l'échauffement. Il est préférable de s'échauffer à l'extérieur, juste avant le départ. Quelques exercices d'étirement et de souplesse, de même qu'un rythme de marche plutôt lent en début de randonnée, augmenteront la flexibilité et la température du corps.

Les étirements devraient commencer par la tête et se terminer aux pieds. Ils doivent être effectués doucement et ne pas provoquer de douleur. Dans le calme, les muscles seront relâchés et détendus pendant les étirements. Lors des étirements, la position sera maintenue pendant 15 secondes, puis relâchée doucement. Rotation de la tête, étirement du cou, rotation des épaules, étirement des épaules puis des bras, rotation du bassin, étirement du bas du dos, des hanches, des cuisses, des mollets, rotation des chevilles et étirement des tendons d'Achille prépareront adéquatement le corps.

À la fin de la randonnée, quelques exercices d'étirement et de souplesse permettront de réduire les douleurs et les raideurs musculaires éventuelles.

■ **Température corporelle**

La température corporelle normale est de 37 °C. Pendant une randonnée, le marcheur aidera son organisme à garder cette température constante en mettant ou en enlevant des vêtements, en buvant régulièrement et en accélérant ou en ralentissant son rythme.

S'il ne respecte pas ce principe, il risque de voir surgir de graves problèmes (coup de chaleur, hypothermie, etc.). Le randonneur expérimenté ne se gênera pas pour alerter un compagnon qui ne porte aucune attention à ce genre de détail.

■ **Prendre soin de ses pieds**

Les pieds sont les «outils» les plus précieux du randonneur. S'ils souffrent, c'est toute la randonnée qui devient pénible. Une simple petite ampoule non soignée peut presque gâcher une superbe journée en forêt. Mais prendre soin de ses pieds demande un peu plus que de simplement garder avec soi des pansements «au cas où».

Le pied ressemble à un trépied pourvu d'un système d'amortisseurs. Lorsque les ligaments supportent tout le poids du corps, ils ont tendance à s'affaisser. C'est ce qu'on appelle les pieds plats. Afin de contrer ces désagréments, le randonneur peut demander à son médecin (ou orthopédiste) de lui montrer des exercices faisant travailler les muscles des arches plantaires. Il est également possible de se procurer des semelles orthopédiques, que l'on placera dans ses différentes paires de chaussures.

Prendre soin de ses pieds signifie également de garder les ongles courts et taillés carrés, de leur faire prendre de bons bains, de bien les laver et de les masser régulièrement. En randonnée, lors des arrêts, il est très agréable de retirer ses bottes et ses bas pour laisser aérer ses pieds. On peut alors voir si des ampoules ne sont pas en train de se former, et en profiter pour changer de bas si ceux-ci ont trop absorbé de sueur.

Alimentation

Lorsqu'il est question d'alimentation, un rappel des notions essentielles permet de réaliser combien il est important de manger de façon équilibrée. La qualité de l'alimentation quotidienne est essentielle à une bonne condition physique. En randonnée pédestre, l'alimentation est le premier facteur qu'il faut prendre en considération. Partir en randonnée sans nourriture représente une erreur grave qui peut gâcher une journée et, à l'extrême, mettre le randonneur en danger.

La randonnée pédestre favorise une bonne digestion et aide à soulager la constipation. Le fait de marcher crée des vibrations dans le corps qui agissent notamment au niveaux des intestins, du foie et du pancréas, favorisant par le fait même leur bon fonctionnement.

■ Les besoins quantitatifs

Les besoins énergétiques varient selon l'âge, le sexe et le type d'activité pratiquée. Une personne dans la vingtaine consomme environ 2 200 calories par jour durant ses activités quotidiennes. En montagne, lors d'une longue randonnée, sa consommation peut atteindre 5 000 calories. Il est donc important de compenser cette perte d'énergie en mangeant plus. Mais attention, pas n'importe quoi.

Une alimentation saine regroupe les quatre grandes catégories d'aliments suivants (entre parenthèses est indiqué le nombre de portions quotidiennes suggérées) :

- lait et produits laitiers (de 2 à 4 portions);
- pain et céréales (de 3 à 5 portions);
- viandes et substituts (2 portions);
- fruits et légumes (4 ou 5 portions).

■ Les besoins qualitatifs

Les glucides

Les glucides s'avèrent parfaits comme type d'aliment pour l'effort. On en distingue deux sortes : les glucides simples et les glucides complexes. On retrouve les premiers dans les produits sucrés (confitures, chocolat, pâtisseries, etc.). Comme ils se digèrent très rapidement (une heure), ils ne devraient pas dépasser 10 % de la ration glucidique quotidienne. Les glucides complexes se retrouvent dans le pain, les pâtes, le riz et les semoules. Ils se digèrent lentement (de deux à six heures). Ce sont ces glucides qu'il est important de manger. Ils doivent constituer environ 55 % des calories quotidiennes.

Les lipides

Les lipides sont des graisses d'origine animale ou végétale. Les graisses d'origine animale doivent constituer le tiers de l'apport lipidique, et les graisses végétales, les deux tiers. En tout, les lipides doivent composer de 30 à 35 % de la valeur calorifique quotidienne. On retrouve les lipides d'origine animale dans les viandes, le beurre, le lait entier, les fromages et les charcuteries, tandis que les lipides d'origine végétale sont présents dans les huiles, la margarine, les fruits secs et le chocolat. Les lipides jouent un rôle énergétique de protection des organes vitaux, d'isolation thermique et de transport de vitamines.

Les protides

Les protides ont un rôle au niveau de la structuration du corps. En effet, ils participent à la construction et à la réparation des tissus de l'organisme. Exceptionnellement, ils fourniront une quantité d'énergie en cas de jeûne ou d'insuffisance de nourriture. Il existe également des protides d'origine animale ou végétale. Les protides d'origine animale sont dans les viandes et les produits laitiers, alors que les protides d'origine végétale se retrouvent dans les céréales et les légumes.

Les minéraux et les vitamines

Si votre alimentation est bien équilibrée, vos besoins en vitamines et en minéraux devraient être couverts. Le surplus de vitamines C n'est pas emmagasiné dans l'organisme, il est tout simplement évacué dans l'urine.

L'eau

En randonnée pédestre, on se déshydrate assez rapidement sans s'en rendre compte. Boire régulièrement sans attendre d'avoir soif est une bonne habitude à adopter. Il est important de boire avant, pendant et après l'effort, afin d'aider son organisme à récupérer plus rapidement. Chaque randonneur devrait avoir sa propre bouteille d'un litre. L'eau, qui compose de 60 à 70 % de la masse corporelle, sert à régulariser la température interne du corps, à transporter les minéraux et les vitamines, ainsi qu'à éliminer les déchets.

Les besoins en eau du corps sont de l'ordre de 2,5 litres par jour. Comme l'eau contenue dans les aliments représente environ 1 litre par jour, il est nécessaire d'absorber environ 1,5 litre de liquide (eau, jus, etc.) par jour. Lors d'un effort physique, la quantité d'eau perdue (sueur) s'élève à environ un litre par heure.

Dans plusieurs régions du Québec, l'eau est contaminée par un parasite nommé *Giardia Lamblia*, qui cause des problèmes intestinaux, comme la diarrhée. Ce parasite est transporté dans l'eau, notamment par les castors, d'où l'appellation *Beaver Fever* (fièvre du castor) donnée par les Américains.

Pour prévenir ces désagréments, il faut traiter l'eau en la faisant bouillir deux ou trois minutes et en y ajoutant des pastilles d'iode. On peut également la filtrer avec un purificateur, appareil spécialement conçu à cet effet (efficace, mais cher). Pour les randonnées d'une journée, il suffit de remplir les bouteilles à la maison. Il faut prendre l'habitude de s'informer, auprès du personnel du parc (ou de l'organisme qui s'occupe des sentiers), de la qualité de l'eau.

■ Quelques notions importantes

- La nourriture doit se préparer facilement et rapidement (ex.: riz minute, gruau précuit).

- Les fruits et les légumes gèlent facilement en hiver.

- Éviter la viande par temps très chaud.

- Le poids et le volume doivent être réduits le plus possible (enlever les cartons et les emballages superflus, couper les légumes à l'avance, etc.).

- Chaque repas devrait être emballé individuellement et bien identifié.

- Un repas commencé avec une soupe chaude a l'avantage de redonner rapidement à notre système l'eau et le sel perdus durant la journée.

- Le repas du soir est extrêmement important, car c'est de lui que dépendent votre nuit et votre journée du lendemain.

■ Courte randonnée

Pour une randonnée d'une journée, vous devez surtout vous préoccuper de l'apport glucidique. Vous avez besoin d'énergie maintenant, et les glucides complexes vous la fourniront. Le petit déjeuner devra être complet et équilibré. Au lieu de s'arrêter et de tout manger sur l'heure du midi, il est préférable de prendre plusieurs petites pauses et de manger quelque peu à chaque fois. De là vient l'expression «apporter des vivres de courses». Le «GORP» est un mélange de noix et de fruits séchés très énergisant que l'on grignote à tout moment de la journée. Boire régulièrement aidera à produire un effort plus efficace.

Suggestions

- Sandwichs avec tomate et laitue;
- viandes séchées ou fumées (jambon, salami, etc.);
- pâtés à la viande ou «végépâté»;
- morceaux de légumes crus (piment, carotte, choux-fleur, etc.);
- fruits frais (les bananes sont peu résistantes dans un sac à dos);
- fromage à pâte ferme;
- gâteaux (fruits, bananes, noix, etc.);
- noix variées (GORP);
- eau ou jus non sucré.

Trois livres sont indispensables pour bien manger et varier ses menus :

● *Le guide alimentaire canadien* (Gouvernement du Canada, 1992);

● *Du pique-nique à l'expédition*, de l'Institut du plein air québécois (disponible dans certaines boutiques de plein air et librairies de voyage);

● *La grande cuisine des petits campements*, de Yves Ouellet et Hélène Philion, Guy Saint-Jean éditeur, 1994, 120 p.

Randonnée pédestre et perte de poids

Un bon nombre de personnes pratiquent une activité physique dans le but premier de maigrir. Si cet argument mène les gens en forêt, bravo! Car le plus difficile est précisément de sortir, d'oser. Dès les premières foulées accomplies, ces personnes découvriront les bienfaits et les joies que procure la randonnée pédestre.

La randonnée pédestre constitue une excellente activité physique, axée sur le contrôle du poids corporel. Les deux conditions reliées à ce contrôle sont l'intensité et la durée. Il faut que l'intensité (le rythme) soit modérée (et non pas lente) et que la durée de l'activité soit relativement longue. Alors, l'organisme puise dans ses graisses pour fournir l'énergie nécessaire.

Les gens qui ont l'habitude de grignoter entre les repas trouveront intéressant de tenter l'expérience suivante. Lorsque vous aurez faim, dites-vous : «Je vais aller marcher, et au retour je mangerai». Vous verrez que souvent la marche, en plus de vous détendre, vous aura coupé l'appétit.

Il a été constaté que le goût de manger est souvent une réponse à un stress. La différence entre les gens qui souffrent d'embonpoint et ceux dont le poids est normal n'est pas une question de surconsommation alimentaire, mais plutôt de dépense énergétique. Il ne suffit pas de manger moins pour atteindre un poids normal, il faut aussi pratiquer régulièrement une activité physique.

Si notre alimentation est saine, il n'est pas conseillé de se mettre à la diète pour perdre quelques kilos. Il est plutôt recommandé de faire de l'activité physique plus régulièrement et plus intensément. Il en va de même pour une personne qui veut maintenir un poids corporel normal.

Premiers soins

■ Les blessures

En forêt, il faut toujours agir de façon autonome : en plus de transporter sa propre nourriture et ses vêtements, il faut être capable de faire face à un pépin, comme un accident nécessitant des soins immédiats. La trousse de premiers soins est donc un outil indispensable pour rendre la randonnée sécuritaire. Elle doit être simple et compatible avec les accidents qui sont les plus susceptibles de survenir. On doit aussi être en mesure de traiter certaines blessures légères. En randonnée pédestre, les ampoules et les entorses sont les blessures les plus fréquentes.

■ Les ampoules

Les ampoules apparaissent surtout lorsque l'on porte de nouvelles chaussures, ou lorsque celles-ci sont trop grandes. Elles se forment surtout à l'avant du pied ou au talon. Elles sont causées par un frottement répétitif qui provoque une accumulation de liquide organique. Le randonneur sachant qu'il développe toujours une ampoule au même endroit devrait prendre la précaution d'appliquer un morceau de moleskine (vendue en pharmacie), avant que l'ampoule ne se forme, c'est-à-dire à la maison, juste avant de partir pour la randonnée. Lors de la randonnée, si l'ampoule s'est déjà formée, on doit en extraire le liquide en la perforant (avec une aiguille désinfectée). L'ampoule séchera plus rapidement et guérira plus vite. Il est important de désinfecter l'ampoule et de l'entourer de moleskine ou, encore mieux, de «Compeed», afin de soulager la douleur et d'éviter que le frottement ne persiste. Les pansements «Compeed» (vendus en pharmacie et dans certaines boutiques de plein air) sont d'une efficacité remarquable. Ils protègent, aident la guérison, tiennent merveilleusement en place (même après plusieurs jours) et permettent réellement de poursuivre sa randonnée sans souffrance.

■ L'entorse

L'entorse de la cheville se produit lorsque l'on étire les ligaments latéraux internes ou externes. On compte trois degrés de gravité d'entorse :

- L'entorse bénigne est la plus fréquente. Le pied est tordu brutalement, mais il n'y a aucun craquement, ni inflammation immédiate. On peut continuer à marcher sur son pied pour se rendre au point d'arrêt le plus près, en mettant un bandage de contention qui aidera à maintenir la cheville. La douleur sera tout de même aiguë. Appliquez de la glace aussitôt le point d'arrivée atteint. Si cela est fait immédiatement, la guérison sera plus rapide. L'entorse bénigne ne nécessite aucun plâtre. Plus vite on recommence à marcher, plus vite elle se résorbe.

- Dans le cas d'une entorse de gravité moyenne, le ligament est étiré et partiellement déchiré. On la reconnaît par son craquement suivi d'un gonflement qui survient dans la demi-heure. Le blessé est immédiatement impotent, et la douleur est grande. Mettez rapidement de la glace ou de la neige, et supportez le blessé jusqu'au point d'arrivée. Il faut éviter tout appui sur la cheville blessée pendant 48 heures. Au cours du troisième jour, on peut recommencer à marcher avec un bandage de contention.

- Une entorse grave est celle où le ligament est complètement déchiré. La douleur est très grande, et l'inflammation est instantanée. Le blessé est totalement impotent. Le pied devient entièrement bleu immédiatement après la blessure. Pour ramener le blessé, immobilisez la cheville, et soutenez le blessé jusqu'à l'arrivée. Un plâtre sera nécessaire, et la guérison peut prendre plusieurs semaines.

■ Les points de côté

Il arrive, lors d'une randonnée, qu'on ressente tout à coup une douleur dans la région de l'abdomen. C'est ce qu'on appelle le point de côté. Si la douleur se situe du côté gauche, c'est que la rate se contracte. Si la douleur se situe du côté droit, il s'agit probablement d'une crampe diaphragmatique, causée généralement par une mauvaise respiration. Ralentir le pas, respirer et surtout expirer profondément permet d'éliminer cette douleur. À noter que les points de côté surviennent généralement après les repas.

■ Hyperthermie et hypothermie

L'hyperthermie et l'hypothermie sont causées par un dérèglement de la température interne du corps. Le randonneur doit continuellement conserver sa température corporelle normale à 37 °C. Si celle-ci grimpe au-dessus de 38 °C, on parle alors d'hyperthermie, alors que, si elle tombe au-dessous de 36 °C, il est question d'hypothermie. Les conditions climatiques, l'effort physique et l'hydratation influencent grandement la température corporelle du randonneur.

L'hyperthermie

L'hyperthermie est une élévation de la température normale du corps (37 °C). Elle survient généralement par temps chaud, et plus spécifiquement lorsque le taux d'humidité est très élevé. Lors d'un effort physique, le corps perd de l'eau (jusqu'à un litre à l'heure). Cette eau, qui est transformée en sueur à la surface de la peau, s'évapore au contact de l'air, refroidissant ainsi le corps. Si la perte d'eau est très importante, et non remplacée par l'absorption de boissons, le processus de déshydratation est enclenché. Des crampes, des spasmes ou un épuisement peuvent alors se manifester.

Si le refroidissement du corps ne s'effectue pas, par exemple lorsqu'il fait 30 °C et que le taux d'humidité relative est de 100 %, la température interne du corps s'élèvera au-dessus de 37 °C (jusqu'à

41 °C). On parle alors d'hyperthermie. Si l'activité est toujours pratiquée et que le système de thermorégulation du corps n'est plus efficace, la température du corps s'élève, et l'on parle alors de «coup de chaleur». Des frissons, des étourdissements, des maux de tête, de la fatigue subite et même des comportements bizarres peuvent alors surgir. Il faut alors tout tenter, afin d'abaisser la température du corps (rechercher l'ombre, retirer les vêtements, appliquer de la glace, de l'eau froide, etc.), et consulter un médecin.

Se couvrir la tête (casquette, foulard, etc.) et boire régulièrement sont de bonnes habitudes à adopter par temps chaud.

L'hypothermie

L'hypothermie commence lorsque la température interne du corps tombe au-dessous de 36 °C, alors que la production de chaleur de l'organisme ne suffit plus à couvrir les pertes calorifiques. Le frissonnement est le premier signe d'un refroidissement. Cela devrait vous inciter à vous habiller plus chaudement et surtout à manger, afin d'équilibrer les pertes calorifiques.

L'hypothermie est logiquement reliée aux conditions climatiques froides. L'hiver, le début du printemps et la fin de l'automne offrent régulièrement des conditions propices à l'hypothermie. On croit souvent que le froid est un facteur négligeable lors de randonnées au mois de juillet. Pourtant, en montagne, la pluie et le vent contribuent à faire baisser considérablement la température. Imaginez-vous au-dessus de la ligne supérieure de la forêt, sous une pluie abondante, avec un vent de 50 km/h, sans imperméable et fatigué! Dans ces conditions, votre corps se refroidira rapidement, et vous risquez de souffrir d'hypothermie.

Le processus d'hypothermie peut se décomposer en six phases :

Phase 1 (37 °C à 35 °C) : début des frissonnements, trébuchements sans raisons, dextérité manuelle réduite.

Phase 2 (35 °C à 32 °C) : le frissonnement est plus marqué, et les articulations sont entravées par des tremblements violents; le pouls et la respiration sont plus rapides, la peau devient pâle.

Phase 3 (32 °C à 30 °C) : la pression sanguine, le pouls et la respiration diminuent; la coordination des mouvements est rendue difficile par la rigidité musculaire. Le sujet aura un discours souvent confus. Il trébuchera fréquemment.

Phase 4 (30 °C à 27 °C) : confusion, pensées incohérentes, demi-conscience, rigidité musculaire et dilatation des pupilles.

Phase 5 (27 °C à 25 °C) : perte de conscience, irrégularités cardiaques et coma.

Phase 6 (moins de 25 °C) : insuffisance cardiaque et respiratoire, œdème et hémorragie pulmonaire. À ce stade, la mort suivra rapidement.

Il est donc très important de prévenir l'hypothermie en ayant toujours un imperméable et des vêtements chauds, même si la température semble sans risque. Emportez également de la nourriture et suffisamment d'eau.

■ Les engelures

Marcher en hiver est très agréable, mais peut également occasionner des problèmes au randonneur qui n'aurait pas pris soin de bien se protéger du froid intense ou d'un vent violent.

L'engelure est une lésion due au froid. Elle peut provoquer une enflure douloureuse, rouge violacée, accompagnée d'ampoules ou de crevasses. La gelure est une lésion très grave de la peau, causée par le froid, et peut même mener à l'amputation. Une personne souffrant de gelures graves ne devrait pas tenter de dégeler les tissus s'il y a risque de regel, ce qui serait encore plus dommageable. Mieux vaut se rendre à l'hôpital le plus rapidement possible.

Les parties du corps les plus susceptibles de souffrir d'engelures sont les mains, les pieds, les oreilles et le visage. Il est conseillé de ne pas frotter la partie atteinte, mais d'appliquer de la chaleur (avec les mains, entre autres). Pour les mains et les pieds, il peut être préférable, afin d'activer la circulation sanguine, d'augmenter le rythme de marche jusqu'au résultat désiré. Pour les oreilles et le visage, il est conseillé de se couvrir avec un bonnet de laine, des cache-oreilles et un foulard.

■ L'herbe à puce

L'herbe à puce se retrouve dans presque tous les types d'habitat naturel québécois. Cette plante vénéneuse est difficile à reconnaître, car elle adopte des formes différentes; plus ou moins grimpante, feuilles luisantes ou non, feuilles de couleurs différentes selon la saison. Toutes les parties de la plante contiennent une huile (toxicodendrol) qui, au contact de la peau ou des vêtements, transmet l'allergie. L'irritation n'apparaît pas immédiatement, mais dans les 24 à 48 heures après le contact. Les symptômes sont : violentes démangeaisons, peau rougie, boutons, puis formation de cloches. Il est alors préférable de consulter son médecin.

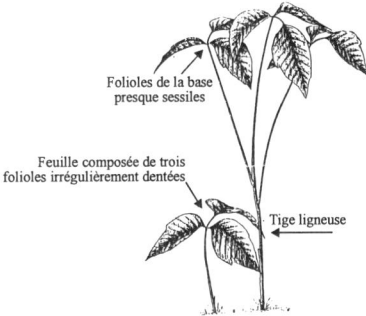

Folioles de la base presque sessiles

Feuille composée de trois folioles irrégulièrement dentées

Tige ligneuse

Herbe à puce

Trois petits trucs pour reconnaître l'herbe à puce :

- Les feuilles (folioles) sont groupées par trois;

- la feuille du centre a une tige (pétiole) plus longue que celles des côtés;

- la nervure n'est pas située tout à fait au centre de la feuille.

■ **Quelques règles de sécurité usuelles**

- Partir tôt (vaut mieux revenir à 14 h qu'à 21 h);

- écrire son itinéraire à un proche (conjoint, parent, ami, etc.);

- en groupe, toujours attendre les autres aux intersections;

- en groupe, calculer régulièrement le nombre de personnes;

- suivre le rythme du plus lent;

- demeurer dans les sentiers;

- ne pas sous-estimer une randonnée ou surestimer sa forme physique;

- planifier à l'avance ses randonnées (à la maison);

- tout au long du sentier, vérifier sa position sur la carte;

- toujours avoir un rechange de vêtements, un peu de nourriture et suffisamment d'eau;

- apporter un sifflet puissant (non pour s'amuser, mais en cas d'urgence);

- toujours avoir la carte des sentiers de l'endroit ainsi qu'une boussole (et savoir s'en servir!).

L'orientation

Le randonneur suit en général un sentier balisé. Il ne se promène pas à travers la forêt en s'orientant au moyen d'une boussole. L'orientation, dans le cadre d'une randonnée pédestre, se limite surtout à la compréhension des renseignements indiqués sur une carte topographique de randonnée. Le randonneur ne se servira que très rarement de la boussole, soit pour identifier des sommets au loin, soit pour se situer, par mauvais temps ou en cas de doute.

■ Les sentiers balisés

Le sentier balisé est un sentier marqué de petites plaques ou de traits de peinture. Ces repères sont placés sur les arbres, sur les pierres ou sur des poteaux. Ils sont appelés «balises». Sur les sommets dénudés des montagnes, on retrouve souvent un type de balise appelé «cairn». Il s'agit d'un amoncellement de pierres, pouvant atteindre jusqu'à 1 m de haut, qui indique le sentier à suivre.

Normalement, les balises sont espacées de façon à ce que l'on puisse les repérer facilement. En cas de doute sur un sentier à suivre, il vaut mieux revenir à la dernière balise et bien observer les alentours pour trouver la suivante.

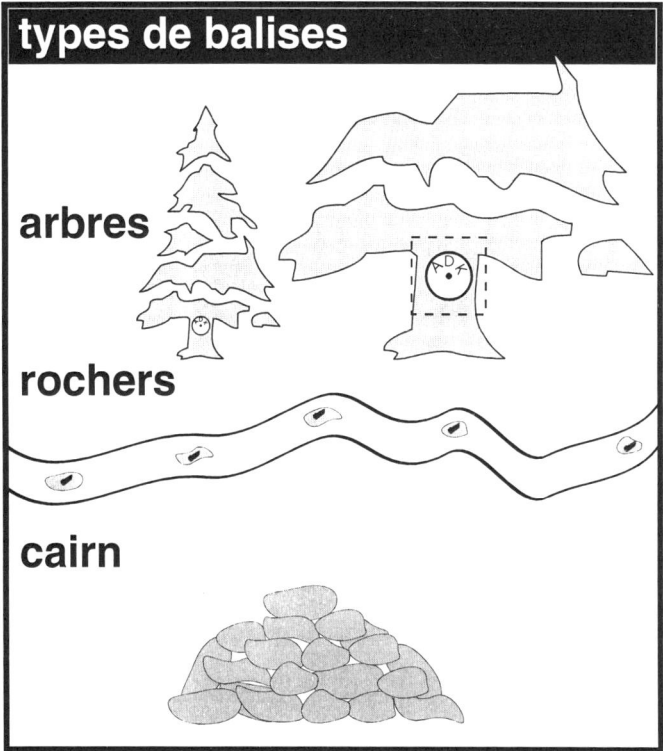

types de balises

arbres

rochers

cairn

■ La carte topographique

Une carte topographique est en fait l'image plane, dessinée sur une carte, d'une partie de la terre. Ces dessins proviennent de photographies aériennes. La carte topographique (du grec *topos*, lieu, et *graphein*, dessiné) indique également le relief. Non seulement renseigne-t-elle quant à la distance entre deux points, mais également quant à la variation d'altitude entre les deux.

Les courbes de niveau passent par des points de même niveau. Elles indiquent la hauteur du sol au-dessus du niveau moyen de la mer (N.M.M.), en pieds ou en mètres.

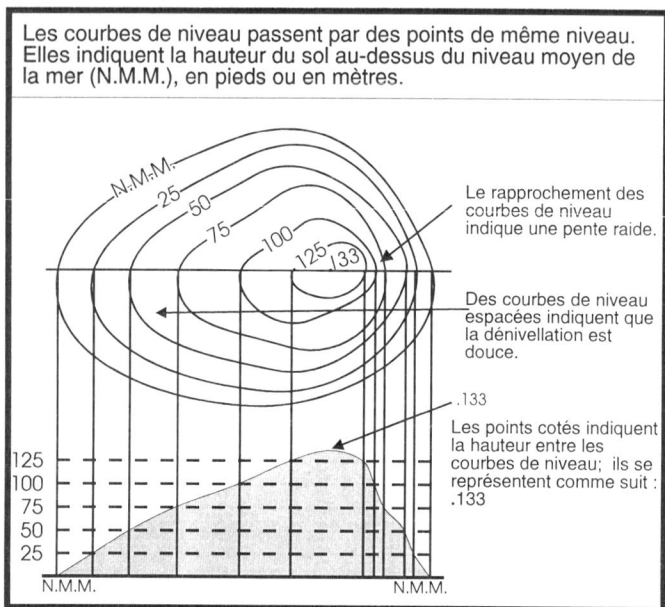

Le rapprochement des courbes de niveau indique une pente raide.

Des courbes de niveau espacées indiquent que la dénivellation est douce.

Les points cotés indiquent la hauteur entre les courbes de niveau; ils se représentent comme suit : .133

Cette donnée est fondamentale en randonnée pédestre, car la difficulté provient généralement non pas de la distance à parcourir, mais du nombre de mètres à gravir et à descendre (dénivellation).

Le randonneur soucieux de bien planifier ses sorties se procurera donc les différentes cartes topographiques des lieux où il compte se rendre. Il faut choisir ces cartes en s'assurant que les sentiers de randonnée y sont inscrits. Au Québec, la plupart des cartes sont distribuées par les parcs ou les organismes qui gèrent les sentiers. Plusieurs de ces cartes sont disponibles à la Fédération québécoise de la marche (☎ 514-252-3157) ou dans les bureaux du ministère du Loisir, de la Chasse et de la Pêche (MLCP).

Pour les protéger des intempéries en randonnée, il faut prévoir un étui transparent, en plastique, ou, ce qui est encore mieux, plastifier soi-même ses cartes. Les grands sacs en plastique qui vont au congélateur peuvent aussi faire l'affaire.

Une carte topographique ressemble à un livre ouvert. Elle donne une foule d'informations à qui veut bien se donner la peine de les identifier.

Il est important de bien lire la légende de la carte, généralement située dans la marge. Les détails réfèrent aux signes topographiques conventionnels, c'est-à-dire les couleurs :

> noir = œuvres de l'homme;
> bleu = eau (ruisseau, rivière, lac);
> vert = végétation;
> brun = relief (ou accidents du terrain).

Les courbes de niveau sont les lignes dessinées sur la carte (généralement en brun). Elles forment les différentes montagnes. Entre chacune de ces lignes, il y a une différence d'altitude (en pieds ou en mètres), nommée «équidistance». Plus les courbes de niveau (lignes) sont rapprochées les unes des autres, plus la pente est abrupte. Plus les courbes de niveau sont espacées, plus la pente sera douce.

Sur une carte topographique de randonnée, les quatre points cardinaux sont indiqués. Le nord, sauf indication contraire, est au haut de la carte. On trouve également une échelle, afin de mesurer les distances. Pour mieux calculer la longueur d'un sentier qui zigzague, il est préférable d'utiliser une ficelle au lieu d'une règle.

■ **Distance et temps**

Sur le plat, l'homme marche à une vitesse de 3,2 à 6,4 km/h. En montagne, cette moyenne est de 1,6 à 3,2 km/h.

Pour mieux planifier une randonnée pédestre, il existe un moyen fort simple : calculer 1 heure pour chaque 3 km parcouru, et ajouter une demi-heure pour chaque 300 m de dénivellation. Prenons, par exemple, une randonnée de 6 km avec 900 m de dénivellation : 1 x 6/3 km = deux heures, 1/2 x 900/300 m = une heure et demie; total : trois heures et demie. Ce temps ne tient pas compte de tout ce qui peut influencer la vitesse de marche, dont :

- la condition physique, en général;

- l'habitude de marche : savoir garder un rythme constant;

- la charge que l'on transporte (sac léger ou lourd);

- le climat (pluie, neige, chaleur, humidité);

- l'aménagement du sentier (dégagé, facile à suivre);

- la connaissance du sentier (si on l'a déjà parcouru);

- les catégories de randonneurs (débutants, enfants, aînés);

- le groupe (arrêts plus fréquents; repos, eau, attente, photos).

■ **Chemins optionnels**

Lorsque l'on planifie une randonnée pédestre, il est bon de surveiller, sur la carte, les autres sentiers que l'on pourrait également emprunter, au cas où il se produirait des incidents, comme la blessure d'un compagnon ou de violents orages.

Les autres sentiers doivent être annotés sur la carte, afin de bien situer le parcours (utilisez un crayon gras). Ces sentiers répertoriés peuvent aider à descendre plus rapidement dans la vallée ou à se diriger plus directement vers le point de départ (raccourcis).

Climat et température

La température en montagne est différente de celle du niveau de la mer. En montagne, les changements de température sont plus fréquents et moins prévisibles. Il n'est pas rare de voir, en quelques minutes, le ciel se couvrir et l'orage éclater. Inversement, le mauvais temps peut se dissiper aussi rapidement qu'il surgit.

Plusieurs randonneurs ont constaté que les hauts sommets étaient plus souvent ennuagés que les vallées et qu'ils recevaient d'importantes précipitations. Ce phénomène provient de l'air chaud de la vallée qui absorbe plus de vapeur d'eau que l'air froid de la montagne. Cette dernière force la masse d'air à monter et, par conséquent, à se refroidir. Les vapeurs d'eau se concentrent, et la masse d'air ne peut retenir toute cette quantité d'eau. Les vapeurs d'eau deviennent donc visibles en se concentrant en nuages et se précipitent sous forme de brume, de neige ou de pluie.

Passé le sommet, la masse d'air redescend vers la vallée, se réchauffe et s'étend de nouveau, et le nuage se dissipe. Il fait de nouveau un temps superbe dans la vallée.

Plus on s'élève en altitude, plus la température baisse. Cette diminution est de l'ordre d'environ 1 °C par 180 m d'élévation. À cela, il faut ajouter la force du vent, qui contribue à refroidir davantage l'air. Ainsi, il est fréquent qu'au mois de juin ou de juillet des températures très froides soient enregistrées sur les plus hauts sommets québécois, notamment dans le parc de la Gaspésie.

En montagne, la radiation solaire (luminosité) augmente aussi (plus ou moins de 3 % pour 100 m d'élévation). Il ne faut donc pas hésiter à se munir de bonnes lunettes de soleil et à utiliser des crèmes solaires. Un tapis de neige peut accroître la réflexion des rayons ultraviolets. À noter également que l'air est plus sec en montagne.

■ L'humidité

Si le vent joue un rôle important, surtout lorsque la température est froide, le taux d'humidité relative peut également causer de graves problèmes (notamment le coup de chaleur), lorsqu'il fait chaud. Il est bon de retenir qu'à partir d'une température de 26 ˚C et d'un taux d'humidité relative supérieur à 90 %, la randonnée peut s'avérer plus exténuante. Boire très souvent devient alors une règle obligatoire.

Le tableau suivant représente les zones d'inconfort, lorsque la température est combinée avec le taux d'humidité relative. C'est ce qu'on appelle l'indice «humidex». Lorsqu'on entend ou voit dans les médias que l'indice «humidex» est supérieur à 40˚C, il faut être prudent, et davantage à l'écoute de son corps, lors d'une randonnée.

Température en Celsius (°C)

Taux d'humidité relative (%)	20	21	22	23	24	25	26	27	28	29	30	31	32	33	34	35
30								28	28	30	31	33	34	36	37	38
35						25	26	27	28	29	31	34	34	36	39	41
40				23	26	27	28	29	31	32	34	35	37	38	41	42
45		22	23	24	26	27	28	30	32	33	35	36	38	40	42	43
50	21	23	23	25	27	28	29	31	33	34	36	38	39	42	43	45
55	22	23	24	26	28	29	31	32	34	36	37	39	41	43	45	47
60	22	24	24	27	28	30	31	33	35	37	38	40	42	44	47	48
65	23	24	26	27	29	31	32	34	36	38	40	41	43	46	48	49
70	24	26	26	28	30	32	33	35	37	39	41	43	45	47	49	51
75	24	26	27	29	31	33	34	36	38	41	42	44	46	48	51	52
80	25	27	28	30	32	33	35	37	39	42	43	45	47	50	52	54
85	25	27	28	31	33	34	36	38	41	43	44	46	49	51	53	56
90	26	28	29	32	33	35	37	39	41	44	46	48	50	52	55	57
95	27	29	29	32	34	36	38	40	42	45	47	49	51	54	57	58
100	27	29	31	33	35	37	39	41	43	46	48	50	52	55	58	

inconfort modéré — inconfort extrême

■ **Le vent**

En montagne, surtout sur les sommets dénudés, le vent joue un rôle très important. Si, au bas de la montagne, il vente passablement fort, soyez presque assuré qu'au sommet le vent sera déchaîné. Non seulement nous repousse-t-il sans cesse, mais il refroidit considérablement la température. Par exemple, s'il fait 5 °C et qqe le vent souffle à une vitesse de 50 km/h, la température réelle (celle que l'on sent sur la peau) sera de -12 °C. C'est pour cette raison qu'il faut toujours apporter avec soi un chandail chaud, un anorak, une tuque et des gants.

Même dans la grande région métropolitaine, une randonnée pédestre effectuée au printemps, en automne ou en hiver pourra également devenir glaciale, si le vent souffle à une grande intensité.

Le savoir-vivre du randonneur

Le randonneur doit se rendre compte qu'il parcourt des sites naturels que plusieurs milliers d'autres randonneurs sillonnent également. Si la forêt est en bon état lors de son passage, c'est qu'il y a eu des gens soucieux de l'environnement qui y sont passés avant. Il faut donc faire en sorte que ceux qui suivront puissent également profiter de toute cette beauté. Il faut apprendre à respecter et à protéger la nature.

Pour cela, il faut toujours marcher sur les sentiers, afin de ne pas abîmer la végétation fragile et typique des lieux. Même lorsqu'il y a de la neige au sol, il faut s'en tenir aux sentiers. Il ne faut pas marcher dans les pistes qui sont réservées aux vélos de montagne ou aux skieurs de fond (à moins que ces sentiers soient désignés polyvalents). Il est important de respecter l'accès restreint ou l'interdiction de se promener sur des terrains privés.

On doit faire des feux uniquement aux endroits où cela est permis. Prendre du bois mort et non pas couper des arbres vivants. Prendre l'habitude de préparer les repas sur un réchaud et non sur un feu. Si l'on fait un feu, ne pas oublier de bien l'éteindre.

Donner des coups de couteau ou de hache sur un arbre, ou même graver son très précieux nom et celui de l'être cher, peut provoquer des entailles qui sont de véritables blessures pour l'arbre. Ces entailles favorisent l'entrée d'insectes ou de champignons, affaiblissant ainsi le tronc et pouvant même causer la mort de l'arbre.

Il faut également camper aux endroits indiqués, rapporter tous ses déchets (l'aluminium et le plastique ne brûlent pas complètement), ne rien jeter dans les cours d'eau (savon, urine, nourriture, etc.), et respecter les animaux en s'abstenant de les nourrir.

Le randonneur doit également savoir vivre en groupe. Pour cela, il lui faut respecter un rythme de marche établi en fonction de la personne la plus lente. Respecter également la fatigue des autres, pour que tous reviennent en forme et contents. Il faut savoir s'entraider, participer à toutes les tâches et respecter le besoin de calme et de silence des membres du groupe.

Le plus expérimenté du groupe est souvent nommé le *leader*. Cela ne veut pas dire qu'il est le «patron» et qu'il prend seul les décisions importantes. Il doit demeurer à l'écoute du groupe.

Animaux domestiques

Il est à noter que, dans la grande majorité des parcs, la présence d'animaux domestiques est interdite. Il est donc fortement déconseillé d'amener son chien avec soi dans les sentiers. À tout le moins faut-il s'informer auprès du parc, de l'organisme ou de la municipalité qui gère le sentier que l'on projette de parcourir.

À noter que dans la grande région métropolitaine, plus du tiers des sites de randonnée que l'on retrouve dans ce guide permettent l'accès aux animaux domestiques. Dans la plupart des cas, il est obligatoire de maintenir l'animal en laisse.

La préparation d'une randonnée

Une randonnée pédestre d'une journée avec retour à la maison ne pose pas beaucoup de difficultés. Il faut cependant penser à l'aspect sécuritaire (trousse de premiers soins, vêtements chauds, lampe de poche, etc.), au cas où surviendrait un incident fâcheux.

Le mot clé en randonnée pédestre étant «planification», plus le randonneur passera de temps à planifier sa randonnée, même d'un jour, plus la sortie risque d'être un succès. S'informer sur les différentes espèces de plantes, d'arbres ou d'oiseaux que l'on risque de rencontrer suscite l'intérêt et, une fois sur place, le randonneur sera plus attentionné à ce qui l'entoure. S'informer également, et se préparer en conséquence, des visites culturelles ou historiques, ainsi que des autres activités possibles (baignade, canot, équitation, etc.) que l'on retrouve sur les lieux ou à proximité.

Observer les oiseaux

L'observation d'oiseaux (ornithologie) et la randonnée pédestre vont de pair. Pour les ornithologues expérimentés, la randonnée pédestre est le principal moyen de locomotion afin de se rendre sur les différents sites d'observation. Pour le randonneur, l'observation d'oiseaux relève davantage de la curiosité. C'est lorqu'il en aperçoit un qu'il tente de l'identifier et de connaître sa façon d'agir. Bien que toutes les saisons soient propices à l'observation d'oiseaux, il y en a une qui mérite de s'y attarder : l'hiver.

Y a-t-il autre chose que des moineaux à observer en hiver? Oh! que oui! L'hiver est même considéré comme la saison idéale pour s'initier à l'ornithologie. Le fait qu'il n'y ait pas de feuilles dans les arbres rend l'observation plus facile. De plus, il y a moins d'espèces d'oiseaux en hiver qu'en été, ce qui rend l'identification plus simple.

La randonnée pédestre est un excellent moyen de déplacement afin d'aller observer les oiseaux dans leur habitat naturel. Selon les espèces qu'on veut voir, on aura à se déplacer en montagne, dans les plaines, dans les champs, le long d'une rivière, etc.

Un débutant peut très facilement faire l'observation d'une vingtaine d'espèces d'oiseaux, alors qu'un ornithologue expérimenté peut en repérer jusqu'à 80. Parmi les oiseaux les plus fréquemment observés en hiver, selon la région, on retrouve le geai bleu, le cardinal, le gros-bec, la mésange, la sittelle, le roselin, le bruant, le sizerin, le chardonneret et le jaseur.

Le randonneur attentif aura pris soin d'emporter quelques graines de tournesol afin d'attirer les mésanges, les sittelles, les sizerins et autres. Vous vous étonnerez de la curiosité de certains oiseaux qui, rapidement, iront jusqu'à manger dans votre main. Outre quelques graines de tournesol, le randonneur emportera des jumelles et un petit guide d'observation afin de mieux s'y retrouver. À ce sujet, le livre de Pierre Bannon intitulé *Où et quand observer les oiseaux dans la région de Montréal* est un outil précieux que tout observateur devrait avoir dans son sac à dos. La région de Montréal, dans ce cas-là, s'étend de l'Ontario au lac Saint-Pierre et des Laurentides à la frontière américaine. Pour un guide couvrant tout le Québec, le livre de Normand David, *Les meilleurs sites d'observation des oiseaux au Québec*, est un choix judicieux.

Pour tout connaître sur le sujet ou acheter du matériel (jumelles, mangeoires, guides, affiches, etc.), l'apprenti ornithologue peut se rendre au **Centre de conservation de la faune ailée**, 7950 rue de Marseille, Montréal, métro Honoré-Beaugrand, ☎ (514) 351-5861.

Il existe également une ligne téléphonique nommée «Info-Oiseaux» (☎ 514-662-9582), qui aide l'observateur à découvrir des espèces inusitées. Ce service gratuit a été élaboré par Jean-Pierre Pratte, un ornithologue amateur de Laval. Le message enregistré est mis à jour quotidiennement et permet également d'y laisser ses propres observations.

Les enfants et la randonnée pédestre

Il n'y a pas d'âge pour aimer la randonnée pédestre. Même un bébé de moins de trois ans peut s'y intéresser..., à condition d'être porté par un adulte! Il existe maintenant de très bons types de sac porte-bébé dans les boutiques de plein air.

Après l'âge de trois ou quatre ans, l'enfant peut très bien marcher la distance... qu'il a envie de marcher! Pour lui, la notion de distance ne compte guère, seuls les découvertes et les défis le motivent. Lorsqu'il n'éprouve plus de plaisir, il refuse carrément de continuer, il craque d'un seul coup. Il vaut mieux alors ne pas être trop loin de la voiture ou avoir des épaules et un dos très résistants!

Plus vieux, l'enfant ou l'adolescent aime choisir et décider. C'est le temps de l'impliquer, de lui faire choisir le sentier que l'on va parcourir cette fin de semaine. Mieux encore, inscrivez-vous avec lui à un stage d'orientation (cartes et boussole). Il est étonnant de constater que la plupart des jeunes apprennent plus rapidement le maniement de la boussole que les adultes!

L'adolescent, c'est bien connu, ne se sépare jamais de son groupe. Parfait, alors amenez vos adolescents (s'ils ne sont pas trop nombreux) faire une longue randonnée avec coucher sous la tente ou en refuge. Ils découvriront alors comment la randonnée pédestre peut être «*full* capotée, buzzante, pis trippante»!

Quelques conseils pour de belles randonnées avec les enfants :

- partir avec des amis ayant également des enfants;

- amener un ou des copains des enfants;

- choisir des sentiers courts et faciles, où l'intérêt est varié;

- marcher l'avant-midi, et aller à la plage (terrain de jeu, glissades d'eau, etc.) en après-midi;

- bien chausser l'enfant (peut-être a-t-il besoin de semelles orthopédiques?);

- bien protéger l'enfant du soleil (chapeau, crème), de la pluie, du vent et des moustiques;

- faire boire régulièrement de l'eau ou du jus aux enfants;

- prévoir des jeux (cache-cache, chansons, boussole, etc.);

- prévoir de l'espace dans son sac à dos pour les roches, bouts de bois, cocottes, etc.;

- suivre le rythme de marche de l'enfant;

- faire des arrêts brefs;

- prévoir des collations énergisantes et appétissantes;

- laisser l'enfant prendre quelques photos;

- laisser l'enfant grimper sur les rochers (à moins qu'il y ait danger);

- démontrer de l'intérêt pour les découvertes de l'enfant (grenouilles, crapauds, couleuvres, tamias, etc.);

- ne pas oublier d'amener les petits toutous et les jouets préférés de l'enfant.

■ Les porte-bébés

Les amateurs de la randonnée pédestre, de la marche ou de la course à pied croient, à tort, qu'ils devront ralentir leurs fréquences de sorties en plein air lors de l'arrivée d'un enfant dans leur vie. Or, il existe actuellement, dans les boutiques spécialisées, de magnifiques, confortables et très performants porte-bébés de toutes sortes et pour diverses activités.

Poussette passe-partout

L'un des porte-bébés les moins connus est certainement le «Baby Jogger», genre de poussette à trois roues. Avec sa géométrie triangulaire et ses grosses roues qui n'ont pas peur de la boue, du sable, du gazon ou du gravier, le «Baby Jogger» est une poussette passe-partout facile à diriger, comportant même un frein. Beaucoup plus solide et performant que la poussette conventionnelle, le «Baby Jogger» permet d'aborder presque tous les types de terrains, en plus d'être facile à manœuvrer en ville (autobus, épicerie, etc.).

La poussette «Baby Jogger», fabriquée par la firme Racing Strollers, est ajustable et peut supporter un poids allant jusqu'à 22 kg. Des accessoires tels qu'un toit pour la pluie ou le soleil, des paniers ou différentes grandeurs de roues sont vendus séparément. La demande étant assez forte, et son prix étant relativement élevé (autour de 400 $), le «Baby Jogger» est très facile à revendre après quelques mois ou années. À Montréal, les boutiques Courir (☎ 514-499-9600) et Endurance (☎ 514-272-9267) vendent les «Baby Jogger».

Porte-bébé de type sac à dos

Pour la randonnée en montagne, là où le terrain est plus accidenté, il faut choisir un porte-bébé de type sac à dos. Coûtant entre 100 $ et 200 $, le porte-bébé dorsal doit comporter de solides bretelles larges et confortables, et des espaces de rangement. Il doit être stable afin de ne pas provoquer de déséquilibre chez le randonneur. Certains porte-bébés sont conçus afin de pouvoir être déposés au sol de façon verticale ou horizontale. Un petit toit, protégeant le bébé du soleil et de la pluie, peut être ajouté au porte-bébé. Les modèles des entreprises Tough Traveler et Kelty ont la faveur de bon nombre de randonneurs. Plusieurs boutiques de plein air vendent et louent (autour de 8 $ par jour) différents porte-bébés de type sac à dos.

L'ÉQUIPEMENT

Comme pour tout autre chose, le randonneur sera tenté de suivre les courants de la mode, lorsque viendra le temps de faire la tournée des boutiques pour l'achat de son équipement. Depuis quelques années, le plein air s'est beaucoup modernisé. Les vêtements sont plus chic, les bottes plus légères et les accessoires plus sophistiqués. Cette nouvelle vague a rendu la randonnée visuellement plus attrayante, mais elle l'a surtout rendue plus agréable. Naturellement, la mode et la technologie coûtent cher, et le plein air n'y échappe pas.

Pour plusieurs, cet obstacle financier n'aura pas d'importance. Pour d'autres, un tel investissement ne saurait se justifier. La plupart des randonneurs ont commencé avec de l'équipement très rudimentaire, ce qui ne les a pas empêchés d'apprécier leurs randonnées. En se contentant d'un équipement confortable et avec lequel on sera en sécurité, on peut très bien parcourir les mêmes sentiers que le randonneur à la fine pointe de la technologie.

La randonnée n'étant pas une activité qui plaît nécessairement à tous, il est préférable de faire quelques essais avant d'investir dans un équipement coûteux. Il existe, à Montréal et dans les grands centres du Québec, des endroits où l'on peut louer de l'équipement (voir «La location d'équipement», p 67). Cette option permettra d'éviter des dépenses inutiles.

Les petits malheurs que peuvent occasionner les premières randonnées sont des atouts importants, lorsque vient le temps de déterminer ses besoins en équipement. L'expérience permet de discerner entre ce qui est nécessaire, ce qui est superflu et ce qui est utile mais peut attendre.

Le matériel

Nous proposons ici une description pouvant servir lors de l'achat du matériel.

■ Le sac à dos

Il y a quelques années, on trouvait dans les commerces deux sortes de sacs à dos : ceux avec armature externe et ceux avec armature interne. Les premiers ont presque disparu du marché, principalement à cause des améliorations qui ont été apportées aux sacs à armature interne. Ces derniers sont plus légers et plus faciles à ajuster à sa physiologie.

Un bon sac à dos devrait avoir les caractéristiques suivantes :

- ceinture et bretelles bien rembourrées;

- sangles de compression sur les côtés, pour diminuer le volume du sac et rapprocher son poids le plus près possible du corps;

- possibilité d'ajuster la longueur du dos, entre la ceinture et les bretelles (ou sacs vendus selon la taille du client);

- attache à la poitrine qui relie les bretelles (tyrolienne);

- pochette sur le dessus, que l'on peut enlever du sac;

- volume de 60 à 70 l pour la longue randonnée (plus le sac est gros, plus on est tenté de le remplir).

Pour les randonnées d'une journée, un petit sac à dos d'environ 30 l fera l'affaire. Il devra pouvoir transporter la gourde, un peu de nourriture, des vêtements supplémentaires, un appareil photo, la trousse de premiers soins, les cartes et la boussole, etc. Il devra être solide et comporter une ceinture. Une attache à la poitrine (tyrolienne) procure un confort supplémentaire. À surveiller : la solidité des bretelles.

Il est conseillé de ne pas accrocher d'articles à l'extérieur du sac. Cela déséquilibre le randonneur, et les articles risquent de s'accrocher aux branches. Au plus, on y placera la bouteille d'eau et son porte-bouteille.

■ Le matelas isolant

Le matelas isolant (mousse), ou simplement une section d'un vieux matelas, permet de s'offrir des moments de repos (observation, dîner, repos, etc.) des plus confortables. Comme en randonnée pédestre il n'y a pas toujours un superbe gazon sur lequel s'étendre, et que le sol est souvent humide sinon mouillé, prendre l'habitude de traîner un matelas isolant devient rapidement un confort nécessaire. Peu coûteux, un tel matelas peut facilement accommoder deux personnes. À moins que vous n'optiez pour un petit matelas autogonflable (Therm-A-Rest), très isolant et extrêmement confortable, mais assez cher.

Le matelas isolant, également appelé «matelas de sol», peut être placé entre la partie principale du sac à dos et la pochette du dessus, de façon à être accroché sur le côté du sac; ou, si le sac à dos est assez grand, à l'intérieur de celui-ci, de façon à ce qu'il touche à tous les côtés du sac, tel un cylindre. Tout l'équipement sera donc placé dans le matelas de sol.

■ La gourde

La gourde d'un litre à large goulot est idéale. Elle se remplit facilement, sans que l'on ait à se mouiller les mains, et son orifice gèle moins rapidement par temps froid. Les bouteilles de marque «Nalgene» ont littéralement obtenu la faveur des randonneurs. Elles sont légères et très solides (polycarbonate Lexan), ne coulent pas et ne retiennent aucun goût.

Il faut éviter les gourdes en peau, qui donnent un goût désagréable à l'eau et qui finissent par inonder le sac à dos. Un petit conseil : pour éviter que l'eau ne gèle lorsqu'il fait froid, mettez la gourde dans un bas de laine puis dans le sac à dos, afin que celle-ci soit contre votre dos. La chaleur du corps suffira à maintenir l'eau à l'état liquide. Il se vend également des porte-bouteilles isolés.

■ La boussole

Comme le randonneur suit des sentiers balisés, la boussole devient un outil sécuritaire ou ludique. La randonnée pédestre n'étant pas de l'orientation, il n'est pas nécessaire de posséder une boussole de grand luxe. Une simple boussole de type Sylva (de 10 à 15 $) fera l'affaire. Cette boussole permet de placer sa carte topographique correctement, s'il n'y a pas de points de repère visibles. Sur un beau sommet dégagé, elle vous aidera également à situer d'une façon précise les autres sommets avoisinants.

Il serait bon de se procurer de la documentation sur l'utilisation de la boussole ou de suivre un cours d'initiation (consultez un club de plein air ou la Fédération québécoise de la marche ☎ 514-252-3157). Sinon, demandez des conseils à un ami expérimenté lors d'une randonnée.

■ La lampe de poche

La lampe de poche idéale est celle que l'on fixe sur sa tête, soit la lampe frontale (Petzl). Elle permet d'avoir les deux mains libres, ce qui est très pratique pour marcher, repérer les balises, regarder dans un guide, lire le parcours sur une carte, etc. Si, pour toute raison que ce soit, la nuit surprend le randonneur, celui-ci peut aisément suivre son chemin, une telle lampe pouvant éclairée jusqu'à une distance de 30 m (et même 100 m, si dotée d'une ampoule halogène).

■ Le canif

Le canif, dont la lame se replie, sert à de multiples petites occasions. Lors du déjeuner, pour réparer un objet, couper du tissu, un lacet ou une branche, il est toujours de service et très utile. Deux modèles ont la faveur des randonneurs : l'Opinel (de 10 à 20 $) et le canif Victorinox de l'Armée suisse (de 25 à 100 $).

■ Les petits accessoires

Plusieurs petits accessoires rendent la randonnée plus agréable ou davantage sécuritaire. Des allumettes étanches, une cordelette, un sifflet, des jumelles, des lunettes de soleil, de la crème solaire, du baume pour les lèvres, du chasse-insectes, un bâton de marche ainsi que différents guides d'identification (faune, flore, etc.) font partie de ces petits accessoires pratiques. Un petit conseil : comme plusieurs accessoires coûtent moins de 10 ou 20 $, ils sont faciles à donner ou à recevoir lors d'échanges de cadeaux, au travail ou en famille. Tant qu'à recevoir l'éternelle bouteille de vin ou de parfum!

■ Les chaussures

Les chaussures sont les pièces maîtresses en randonnée pédestre. C'est ce que le randonneur débutant doit se procurer avant toute chose. Il est révolu le temps où les bottes de randonnée étaient lourdes et tellement rigides qu'il fallait souffrir pendant des mois avant de s'y sentir à l'aise. On retrouve désormais, dans les boutiques spécialisées, un grand choix de chaussures de randonnée pédestre, pour tous les goûts et tous les budgets.

Selon le type de randonnée, nous proposons trois types de chaussures.

Souliers de marche : ces chaussures sont utiles lors de randonnées légères d'une journée dans des sentiers aménagés et sans pente abrupte. Une nouvelle gamme de chaussures tout-terrain (Salomon, Merrell, Asolo, One Sport, etc.) a vu le jour dernièrement. Légères, absorbantes et robustes, ces chaussures sont généralement fabriquées en cuir et constituent un bon achat pour le randonneur qui prévoit ne pas s'aventurer sur de hauts sommets ou en longue randonnée. Comptez autour de 100 $.

Bottes de randonnée légère : ces chaussures permettent de gravir des sommets plus imposants, accessibles en une journée. La cheville sera mieux soutenue qu'avec le soulier de marche. Elles peuvent supporter des randonnées de plusieurs jours, mais les chevilles risquent de souffrir, surtout avec un sac à dos de plusieurs kilos sur sentier accidenté. Fabriquées avec un mélange nylon-cuir, ces bottes constituent un bon choix pour le randonneur ayant un budget limité. Comptez autour de 100 $.

Bottes de randonnée : c'est la chaussure que l'on utilisera la plupart du temps. Plus haute et plus résistante que les deux premières, elle convient parfaitement pour les randonnées d'une journée ainsi que les randonnées en montagne où les sentiers sont plutôt accidentés et abruptes. Le maintien de la cheville est excellent. Fabriquées tout de cuir, ces bottes offrent confort, support, stabilité, traction, absorption des chocs et durabilité. Régulièrement, elles nécessitent nettoyage et protection (cire d'abeille sans silicone). Comptez entre 150 $ et 200 $.

Il existe également des bottes de randonnée semi-rigides et rigides (de 200 $ à 300 $) permettant d'effectuer des expéditions de plusieurs semaines sur des terrains extrêmement accidentés (ou en haute montagne).

Quelques petits conseils avant l'achat de chaussures

- choisir des chaussures en fonction du type de randonnée que l'on projette de pratiquer (randonnée urbaine, courte randonnée, longue randonnée, etc.);

- ne pas attendre la veille d'une sortie pour magasiner;

- aller dans une boutique spécialisée (voir p 67);

- ne pas être pressé lors de l'achat et ne pas arriver 10 min avant la fermeture de la boutique;

- emporter les paires de chaussettes que l'on portera en randonnée (chaussettes de polypropylène, de laine, etc.);

- essayer les deux bottes (on a souvent un pied plus petit que l'autre);

- s'assurer qu'il n'y ait pas de point de tension (notamment sur le dessus du pied);

- avant de lacer, pousser le pied vers l'avant de la botte; l'espace créé derrière la cheville doit permettre d'y glisser facilement un doigt (ne pas oublier que les pieds enflent en randonnée);

- marcher avec les chaussures et les garder dans ses pieds au moins 10 min, ce qui donnera une meilleure idée de leur rendement;

- s'assurer que le talon demeure bien en place;

- les chaussures munies de chaussons laminés de Gore-tex sont par le fait même imperméabilisées. Par contre, certains randonneurs se sont plaints du fait que l'eau s'infiltrait par les coutures. Les personnes qui suent passablement des pieds ne devraient pas envisager l'achat de telles bottes;

- en terrain plus accidenté, une paire de guêtres sur ses chaussures aidera à les garder plus longtemps au sec et évitera que les petits cailloux ou la neige ne s'y infiltrent;

- bien s'informer de la politique d'échange de la boutique. Les bonnes boutiques offrent d'échanger ou de rembourser le client, à condition que les bottes n'aient pas été traitées, imperméabilisées ou portées à l'extérieur. Ainsi, vous pourrez porter les bottes pendant de longues heures à la maison et voir si elles vous conviennent.

• les vieilles chaussures de randonnée peuvent très bien prendre leur retraite dans le coffre arrière de la voiture. C'est fou ce qu'elles peuvent encore nous être utiles (panne de voiture, tempête de neige, séjour à la ferme, peinture, etc.)!

• l'entretien des chaussures est primordial. Après une randonnée, toujours les nettoyer (boue, neige) et les faire sécher convenablement. Ne pas les poser trop près d'une source de chaleur, car cela pourrait les abîmer. Au besoin, les remplir de papier journal. Les traiter avec un produit convenant à ce type de botte afin de les protéger et de les rendre plus imperméables.

L'habillement

Autant il faut se couvrir pendant la nuit, autant il faut couvrir son corps durant la journée, pour qu'il garde sa température idéale (37 °C). La tenue vestimentaire est donc très importante. Les vêtements isolent l'organisme de l'air ambiant : ils protègent autant de la chaleur que du froid.

L'eau étant un bon conducteur thermique, il est important de posséder des vêtements qui «respirent» et qui gardent au chaud tout en laissant évacuer la transpiration. Quant aux parkas (en Gore-tex ou autres), ceux-ci laissent sortir la transpiration tout en protégeant de la pluie.

Les fourrures polaires sont très utiles à ce point de vue. Elles gardent au chaud et ont l'avantage de sécher très rapidement, ce que ne peut faire la laine. Le système multi-couches (aussi appelé «pelures d'oignon») est sans doute la meilleure façon de se vêtir en randonnée pédestre. Il permet d'enlever des couches de vêtements, au fur et à mesure que l'on se réchauffe, et d'en ajouter à volonté, lorsqu'il fait froid ou lors des arrêts.

Il ne faut jamais attendre de transpirer, mais simplement d'avoir chaud, pour enlever une couche de vêtements. Le pire vêtement à emporter est le manteau de ski, car il est trop chaud lorsqu'on le porte, et l'on gèle lorsqu'on l'enlève.

Selon la saison, un système multi-couches devrait comporter, pour le haut du corps :

• sous-vêtement qui respire (100 % polyester traité, polypropylène, etc.);

- fourrure polaire (ou chandail de laine);
- parka (si l'on n'a pas de parka, en Gore-tex ou autres, il vaut mieux avoir un parka qui respire ainsi qu'un imperméable);

- tuque, bandeau ou casquette;

- gants ou mitaines.

Pour le bas du corps :

- sous-vêtement qui respire (100 % polyester traité, polypropylène, etc.);

- pantalon léger et ample;

- sur-pantalon imperméable (Gore-tex ou autres);

- deux paires de bas, pour éviter la friction (ex. : une paire en polypropylène et une autre en laine);

- guêtres.

Les guêtres servent à empêcher la boue, les cailloux, la neige et l'eau à s'infiltrer dans les bottes. En plus, elles gardent le bas des jambes au chaud et protègent les bas et les pantalons de la saleté. Par mauvais temps, lorsque le sentier est très boueux, les guêtres (de 20 à 40 $) s'avèrent presque indispensables, surtout lors de longues randonnées.

■ Le système multi-couches

Le système multi-couches est composé, dans la grande majorité des cas, de trois types de vêtements. Par temps très froid, ou sur les sommets dénudés et exposés au vent, il n'est pas rare que le randonneur porte jusqu'à cinq ou six couches de vêtements superposés. Ces différentes couches de vêtements relèvent également des trois types de vêtements servant à permettre les conditions de confort optimales, lors d'exercices physiques en plein air.

Première couche

La première couche de vêtements est celle des sous-vêtements (haut et bas). Elle sert principalement à garder le corps au sec en expulsant l'humidité de la peau vers l'extérieur. Il est reconnu qu'avec une surface de la peau qui resterait humide, la perte de chaleur peut être jusqu'à 32 fois plus grande. D'où l'importance de demeurer au sec.

Depuis quelques années, les sous-vêtements les plus performants sont ceux fabriqués de fibres polyester (100 %) traitées. Minces et moulants, ils sont également très doux au toucher.

À noter qu'il existe jusqu'à quatre ou cinq différentes épaisseurs de sous-vêtements. Selon la saison, l'endroit visité, l'activité pratiquée et le confort recherché (personne frileuse ou non), une épaisseur de sous-vêtement correspond à ces conditions.

Deuxième couche

La deuxième couche de vêtements a pour rôle de conserver la chaleur du corps, tout en laissant passer l'humidité rejetée par la première couche. La fourrure polaire, aussi appelée «polar», est depuis plusieurs années la reine incontestée de cette catégorie. Tout comme le sous-vêtement, la fourrure polaire est fabriquée de fibres polyester (100 %) traitées. Bien qu'on utilise souvent les mêmes fibres, l'appellation pourra varier selon la compagnie.

Il existe également différentes épaisseurs de fourrure polaire (trois en général), la plus mince correspondant souvent au sous-vêtement le plus épais. La fourrure polaire, en plus de sécher très rapidement, offre un confort sans pareil. Elle est chaude lorsqu'il fait froid, tout en étant agréable lorsqu'il fait chaud, contrairement à la laine, qui est insupportable par temps chaud.

Se méfier des «polars» à bon marché qui imitent les fourrures polaires, mais qui ne sont que des feutres brossés, s'usant rapidement et conservant moins la chaleur du corps. À défaut de posséder une fourrure polaire, le randonneur optera pour un chandail de laine (et non de coton). La laine, même mouillée, offre l'avantage de conserver la chaleur.

Troisième couche

La troisième couche a pour rôle de protéger le corps des éléments extérieurs, soit du vent, de la pluie et de la neige. Le parka (plus long) ou le blouson (plus court) joue ce rôle, de même que le sur-pantalon. Le parka peut simplement couper le vent (coupe-vent), empêcher la pluie de pénétrer (imperméable), ou offrir ces deux protections à la fois (micro-poreux).

Le coupe-vent est idéal lorsqu'on pratique une activité physique intense (marche rapide, course à pied, vélo, ski de fond, etc.) par beau temps. Il est peu coûteux, mais ne résiste pas aux intempéries. L'imperméable est extrêmement efficace par mauvais temps. Peu cher, il résiste aux pires intempéries, mais se transforme en véritable sauna lorsqu'on pratique une activité physique intense, ou même modérée.

L'idéal en randonnée pédestre, ainsi que dans la plupart des activités de plein air, est le parka (avec ou non le sur-pantalon), qui offre l'imperméabilité optimale, tout en laissant évacuer la transpiration du corps vers l'extérieur. Le parka en Gore-tex demeure le préféré des amateurs d'activité de plein air. Le Gore-tex est une membrane ajoutée lors de la fabrication du vêtement, rendant celui-ci imperméable tout en étant poreux. Depuis plusieurs années, ce procédé a subi de nettes améliorations, le rendant très efficace et résistant. D'autres produits, généralement appliqués comme un enduit, offrent également une bonne protection contre les intempéries, tout en laissant évacuer la sueur (Entrant, Sympatex, Triple Point, Dermoflex, etc.).

Un tel parka ou blouson est assez coûteux (de 200 à 500 $), mais offre une superbe protection en toute saison, autant à la ville qu'en haute montagne. À surveiller : l'épaisseur (nombre de couches), la doublure, la coupe (selon notre taille), les poignets (ajustables) et surtout la ventilation (fermetures éclair sous les bras).

■ L'habillement de jour

Par habillement de jour, nous entendons une «tenue vestimentaire lors de la randonnée». Il faut distinguer entre tenue vestimentaire par temps froid et tenue vestimentaire par temps chaud.

Par temps froid

«Pour isoler du froid, les mailles des fibres vestimentaires emprisonnent l'air qui se réchauffe. Le vêtement et l'air étant de pauvres conducteurs thermiques, ils constituent donc une barrière contre la déperdition de chaleur. Plus il y a d'air emprisonné près de la peau, meilleure est l'isolation. C'est pourquoi plusieurs couches de vêtements légers ou les vêtements doublés de fourrure, de plumes ou de tissus synthétiques (formés de plusieurs couches d'air emprisonné) constituent de meilleurs isolants qu'un seul vêtement d'hiver épais.» (McArdle & Katch)

Si l'on a froid, il faut commencer par se mettre une tuque (casquette, bonnet...) sur la tête, car l'organisme perd de 30 à 40 % de sa chaleur par la tête!

Dans le froid, il faut toujours porter des vêtements secs et ne pas hésiter à se changer s'ils sont mouillés, car des vêtements mouillés, par la pluie ou la sueur, perdent jusqu'à 90 % de leurs propriétés isolantes. À défaut d'avoir un parka pouvant protéger de la pluie (Gore-tex ou autres), il faut prévoir, en plus d'un parka en nylon ou coton, un imperméable. Ne jamais oublier un bonnet et des gants, car les soirées et les matins sont souvent frisquets en forêt.

Plus souvent qu'autrement, il faut marcher avec un sous-vêtement et un parka, peu importe qu'il fasse froid ou frais. Sinon, il faut marcher quelques minutes et, dès que l'on ressent une chaleur au niveau du corps, retirer la fourrure polaire (ne pas attendre d'avoir chaud). La fourrure polaire est appréciée lors des arrêts (repas), sur les sommets ou par temps très froid.

Par temps chaud

Pour beaucoup de randonneurs, la chaleur est plus difficile à supporter que le froid. C'est pour cela que l'on rencontre beaucoup moins de randonneurs au mois de juillet dans les sentiers du Sud-Ouest québécois.

Se vêtir par temps chaud en forêt n'est pas la chose la plus simple. Porter le short est très agréable, mais l'on se fouette les jambes avec les branches d'arbres. Il est préférable de porter un pantalon ultraléger en nylon.

Les vêtements de temps chaud doivent être amples, pour permettre à l'air de circuler entre le vêtement et la peau, et capter la vapeur d'eau. La couleur est également un facteur important. Des vêtements foncés absorbent plus la lumière que les vêtements clairs, ce qui augmente la chaleur par effet de radiation.

Même avec ces vêtements clairs et amples, la perte de chaleur est retardée jusqu'à ce que le vêtement devienne mouillé, alors que l'évaporation refroidissante devient possible. Selon W. D. McArdle, professeur de physiologie à l'Université de New York, «se vêtir d'un autre chandail ou vêtement sportif sec par temps chaud ne constitue pas une pratique sensée du point de vue de la thermorégulation». Il précise que la perte de chaleur en raison de l'évaporation ne se fait que lorsque le vêtement est entièrement mouillé. Donc, selon lui, pour combattre la chaleur, il est préférable de conserver un chandail mouillé que de le changer pour un sec, qui ne ferait que prolonger la période entre la sudation et le refroidissement.

Peu importe la saison, il est fortement déconseillé de porter des «jeans». Ceux-ci sont trop serrés et trop lourds, et sèchent très lentement. Il est préférable de porter un pantalon fait d'un mélange coton-nylon, de velours côtelé ou même de coton (genre survêtement de jogging). À noter que le coton absorbe beaucoup l'eau, rendant le pantalon inconfortable (et froid en hiver). Les tissus les plus chauds sont (par ordre) : la laine, le coton, la flanelle et le nylon.

Liste

■ Randonnée d'une journée

Vêtements

- Bottes de marche
- Sous-vêtements
- T-shirt
- Bas de rechange
- Parka ou blouson
- Fourrure polaire ou chandail de laine
- Pantalon
- Sur-pantalon
- Guêtres
- Gants ou mitaines
- Bonnet

- Sac en plastique
- Répulsif à insectes
- Crème solaire
- Baume pour les lèvres
- Carte du site
- Guides (randonnée, faune, flore)
- Boussole
- Carnet et crayon

Accessoires

- Sac à dos
- Matelas isolant
- Lunettes de soleil
- Papier hygiénique
- Jumelles
- Appareil photo
- Petite lampe de poche (ou lampe frontale)
- Couteau
- Bouteille d'eau
- Allumettes
- Cordelette
- Sifflet

Trousse de premiers soins

- «Compeed»
- Moleskine
- Onguent antibiotique
- «Tylenol»
- Bandage élastique
- Bandage compressif
- Trois pansements stérilisés
- Diachylons
- Petits ciseaux
- Pince à épiler
- Aiguilles, épingles et lames de rasoir
- Allumettes
- Diachylon blanc
- Tablettes de glucose
- Serviettes hygiéniques
- Tampons d'alcool

Il se vend également, en pharmacie et dans les boutiques de plein air, de petites trousses de premiers soins préparées (de 15 à 40 $).

La location d'équipement

Plutôt que d'acheter tout le matériel de camping léger nécessaire aux longues randonnées pédestres, il est possible de louer ces articles et d'en faire l'essai. Réchaud, gamelle, tente légère, sac à dos, sac de couchage, scie, etc. Tout cela peut se louer à prix raisonnable (voir dans les boutiques de plein air, clubs, cégeps, etc.). On peut ainsi faire l'essai des articles et voir si le camping léger nous intéresse. Sinon, on peut continuer à coucher en refuge, en camping privé ou à l'hôtel.

Pour la courte randonnée pédestre, plusieurs articles (bottes de randonnée, sac à dos, sac porte-bébé, poussette, etc.) peuvent également être loués pour la journée ou la fin de semaine.

Réparation

Le début du printemps est la période idéale pour effectuer une vérification complète de son équipement de plein air. Une fermeture éclair brisée, un anorak déchiré, des manches trop longues ou trop courtes, un pantalon à ajuster, des bretelles de sac à dos usées ou inconfortables, un sac de couchage amoché, une tente en mauvais état, etc. La liste peut être longue, si cela fait plusieurs années que l'on endure les petits travers de notre équipement.

Si votre équipement ou matériel de plein air se brise, avant de penser à le remplacer, il est possible de le faire réparer chez **De fil en montagne**, au 515 rue Marie-Anne Est, Montréal, métro Mont-Royal, ☎ (514) 522-1668.

Pour réparer des souliers ou des bottes de marche, mais également des bottes de ski, des souliers de vélo, des chaussons d'escalade, etc., le cordonnier **Carinthia** (1407 rue Saint-Marc, Montréal, métro Guy-Concordia, ☎ 935-8475) a la faveur des fervents du plein air.

Principales boutiques de plein air à Montréal et environs

■ Montréal

- La Cordée, 2159 rue Sainte-Catherine Est, ☎ (514) 524-1106, ☎ 1-800-567-1106.
- L'Aventurier, 1604 rue Saint-Denis, ☎ (514) 849-4100.

- Le Yéti, 5127 boul. Saint-Laurent, ☎ (514) 271-0773.
- Black's Camping, 3525 chemin Queen Mary, ☎ (514) 739-4451.
- Azimut, 1781 rue Saint-Denis, ☎ (514) 844-1717.
- Boutique Courir, 4452 rue Saint-Denis, (514) 499-9600.
- Altitude, 1701 rue Saint-Denis, ☎ (514) 845-9145.
- Everest Plein Air, 4137 rue Saint-Denis, ☎ (514) 284-1294.
- Les Baroudeurs, 1380 Fleury Est, ☎ (514) 389-4787.

■ Laval

- Boutique Courir, 2524 Daniel-Johnson, ☎ (514) 978-9822.
- L'Aventurier, Centre Décor 440, 3912 Autoroute 440 Ouest, ☎ (514) 681-8030.
- Kaki, 1820 boulevard des Laurentides, ☎ (514) 662-0001.

■ Rive-Nord

- Pélé plein air et sport, 148 25ᵉ Avenue, Saint-Eustache, ☎ (514) 623-4223.
- Le Montagnard, 84 boulevard Labelle, Sainte-Thérèse, ☎ (514) 434-3909.

■ Rive-Sud

- Boutique Courir, 1745 chemin Chambly, Longueuil, ☎ (514) 674-4436.
- Altitude, 3879 boul. Taschereau, Saint-Hubert, ☎ (514) 656-0088.
- Boutique Grand-Nord, 5811 boulevard Taschereau, Brossard, ☎ (514) 462-0225.
- Miteq, 88 rue Saint-Jacques, Saint-Jean, ☎ (514) 347-2020.
- Le Bivouac, 210 rue Principale, Granby, ☎ (514) 777-7949.

Les cartes

Plusieurs cartes présentées dans ce guide se rapportent aux randonnées, **mais ne sont pas des cartes topographiques** et ne servent qu'à situer le randonneur.

MONTRÉAL

Montréal offre un paysage urbain présentant en une riche diversité les étapes de l'évolution de la ville. Des plus anciennes constructions du Vieux-Montréal jusqu'aux tours de verre du centre-ville se sont écoulés trois siècles et demi marqués par l'incessante croissance de la ville. La splendeur des innombrables églises, les façades néoclassiques des banques de la rue Saint-Jacques, les petites maisons à toit plat des quartiers ouvriers, tout comme les somptueuses résidences de ce que l'on nommait le «mille carré doré», ne sont que quelques témoignages de l'histoire récente ou plus ancienne de cette ville.

L'importance que Montréal occupa et occupe toujours en tant que principal centre artistique et intellectuel du Québec, et grande ville portuaire, industrielle, financière et commerciale, se reflète avec éloquence dans son riche patrimoine architectural. Mais, malgré les airs de grande cité nord-américaine qu'évoque sa haute silhouette de verre et de béton, Montréal est avant tout une ville de quartiers où il fait bon se balader au rythme des saisons.

Si Montréal est une ville, elle se trouve également sur une île du fleuve Saint-Laurent, la principale voie de pénétration du Nord-Est américain. L'île de Montréal, d'une longueur de 32 km et d'une largeur maximale de 16 km, regroupe 28 municipalités. La ville de Montréal, avec son

MONTRÉAL	Classification	Transports publics	Animaux domestiques	Page
Le boulevard Saint-Laurent	★	oui	oui	78
Le mont Royal	★★★	oui	oui	80
Le pôle Maisonneuve	★★	oui	non	86
Le parc des Îles	★★	oui	oui	91
Le Bois de l'île des Soeurs	★	oui	oui	96
Le canal Lachine	★★	oui	oui	98
Le parc Angrignon	★	oui	oui	101
Le parc-nature de Pointe-aux-Prairies	★★	oui	non	103
Le parc-nature de l'île-de-la-Visitation	★★	oui	non	105
Le parc-nature du Bois-de-Liesse	★★	oui	non	108
Le parc-nature du Bois-de-l'Île-Bizard	★★★	oui	non	111
Le parc-nature du Cap-Saint-Jacques	★★★	oui	non	113
L'Arboretum Morgan et l'Écomuséum	★★★	oui	non	116
Le canal de Sainte-Anne-de-Bellevue	★	oui	oui	119

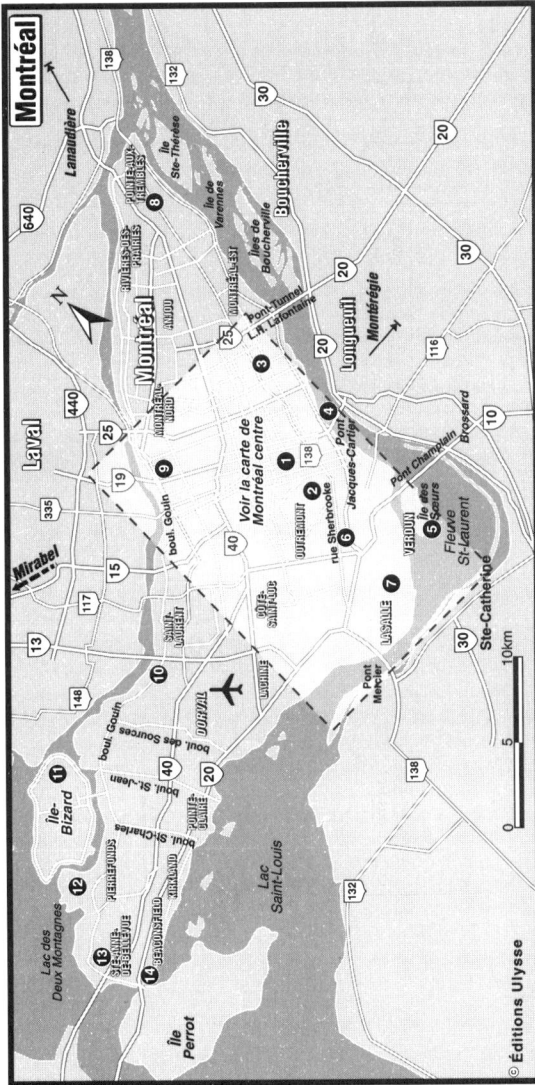

Montréal

© Éditions Ulysse

1. Le boulevard Saint-Laurent
2. Le mont Royal
3. Le pôle Maisonneuve
4. Le parc des Îles

5. Bois de l'île des Sœurs
6. Le canal de Lachine
7. Le parc Angrignon
8. Le parc-nature de la Pointe-aux-Prairies

9. Le parc-nature de l'île-de-la-Visitation
10. Le parc-nature du Bois-de-Liesse
11. Le parc-nature du Bois-de-l'île-Bizard
12. Le parc-nature du Cap-Saint-Jacques

13. L'Arboretum Morgan et l'Écomuséum
14. Le canal de sainte-Anne-de-Bellevue

million d'habitants, est évidemment la principale agglomération de la Communauté urbaine de Montréal (CUM).

L'île de Montréal regorge d'endroits facilement accessibles en métro et en autobus, où il est possible de faire de superbes randonnées dans des décors qui, souvent, font oublier la ville. La nature, la tranquillité et les petits oiseaux se trouvent souvent à quelques minutes de chez soi, pourvu qu'on se donne la peine de sortir. Dans cette section représentant l'île de Montréal, nous proposons 14 sites, soit plus de 170 km de sentiers de randonnée pédestre à parcourir.

■ Montréal au fil des siècles

Lors de sa deuxième expédition en Amérique du Nord, en 1535, Jacques Cartier remonta le fleuve Saint-Laurent jusqu'aux abords de l'île de Montréal, en explora les rives et gravit le mont Royal. Si Cartier n'a peut-être pas été le premier Européen à la visiter, il a néanmoins été le premier à en rapporter l'existence. Située au confluent de ce que l'on nomme aujourd'hui le fleuve Saint-Laurent et la rivière des Outaouais, l'île était alors connue des Amérindiens sous le nom d'Hochelaga.

Au moment de la visite de Cartier, une grande ville fortifiée, peuplée d'environ 1 500 Amérindiens de langue iroquoise, occupait alors les flancs du mont Royal. Cette ville fut vraisemblablement détruite ou abandonnée quelques années plus tard, puisque Samuel de Champlain, fondateur de la ville de Québec et grand explorateur, n'en trouva aucune trace lors de sa visite, en 1611. Il nota toutefois au passage que cette île ferait un très bon emplacement pour l'érection d'un poste de traite.

La traite des fourrures n'a cependant pas été à l'origine de la fondation de Montréal. Baptisé d'abord Ville-Marie, son établissement a plutôt été l'œuvre d'un groupe de dévots français, venus dans l'espoir d'y évangéliser les Amérindiens. Sous la direction de Paul de Chomedey, sieur de Maisonneuve, 50 hommes et quatre femmes, dont Jeanne Mance, fondèrent Ville-Marie le 18 mai 1642. Leur idéal se heurta cependant très tôt à l'hostilité des Iroquois, si bien que, jusqu'à la signature du traité de paix de 1701, Français et Iroquois se livrèrent un conflit permanent, qui menaça même à plusieurs reprises l'existence de la ville.

Si Montréal a été fondée initialement pour la gloire de la chrétienté, les commerçants se sont néanmoins rapidement substitués aux religieux et autres porteurs de la «bonne nouvelle». Pénétrant profondément l'arrière-pays, les nombreux cours d'eau à proximité donnaient un accès facile à de riches territoires de chasse. Montréal devint ainsi rapidement un important centre de négoce et même, durant près d'un siècle et demi, le principal pôle de la traite des fourrures en Amérique du Nord. C'est aussi à partir de Montréal que les explorateurs et coureurs des bois partirent à la découverte de l'immense territoire s'étendant de la baie d'Hudson à la Louisiane.

Montréal fut conquise par l'armée britannique en 1760, et les marchands français furent alors remplacés par des Écossais dans le commerce des fourrures. Elle devint la métropole du pays dans les années 1820, lorsque sa population dépassa celle de la ville de Québec. Montréal changeait alors très rapidement de visage : des milliers d'immigrants provenant des îles Britanniques s'y installaient ou simplement y transitaient avant d'aller peupler d'autres contrées de l'Amérique du Nord. Elle devint même, pendant un temps, à majorité anglo-saxonne, avant que son industrialisation, à partir du milieu du XIXᵉ siècle, n'attire un flux incessant de paysans de la campagne québécoise.

Déjà, au tournant du XXᵉ siècle, Montréal était devenue une importante cité industrielle et commerciale, dont la haute bourgeoisie contrôlait 70 % des richesses de l'ensemble canadien. La révolution industrielle avait tout aussi naturellement donné naissance à un important prolétariat, surtout composé de Canadiens français et d'Irlandais, aux conditions de vie misérables. Parallèlement, des immigrants autres que Britanniques commençaient à y affluer, surtout des Juifs d'Europe de l'Est, des Allemands et des Italiens, initiant ainsi le caractère cosmopolite de la métropole.

Au cours du XXᵉ siècle, Montréal ne cessa de croître et d'engloutir les villes et villages avoisinants, grâce à l'arrivée toujours constante d'immigrants et de Québécois des zones rurales. Elle commença même, à partir des années cinquante, à étendre ses tentacules sur la campagne extérieure de l'île et à y créer une banlieue. Son centre économique quitta graduellement le «Vieux-Montréal» pour le quartier aux abords du boulevard Dorchester (aujourd'hui le boulevard René-Lévesque), où poussent depuis des gratte-ciel de verre et de béton.

Dans les années soixante et soixante-dix, le maire Jean Drapeau, que l'on a souvent taxé de mégalomane, affermit la réputation internationale de «sa» ville, en y faisant construire le métro, en 1966, et en y organisant des événements d'envergure. Montréal fut ainsi l'hôte de l'Exposition universelle de 1967, des Jeux olympiques de 1976 et des Floralies internationales de 1980. À l'été 1992, de grandes fêtes vinrent célébrer le 350ᵉ anniversaire de la fondation de Montréal.

■ **Les parcs-nature de la Communauté urbaine de Montréal**

Le territoire de la Communauté urbaine de Montréal (CUM) abrite neuf parcs-nature (autrefois appelés parcs régionaux), tous situés dans la portion nord de l'île de Montréal. De l'est de l'île en allant vers l'ouest, nous retrouvons les parcs-nature de la Pointe-aux-Prairies, du Bois-d'Anjou, de l'Île-de-la-Visitation, du Bois-de-Saraguay, du Bois-de-Liesse, du Bois-de-l'Île-Bizard, du Cap-Saint-Jacques, du Bois-de-la-Roche et de l'Anse-à-l'Orme.

De ces neuf parcs, six sont actuellement ouverts au public tout au long de l'année. Dans ce guide, nous en présentons cinq (Pointe-aux-Prairies, l'Île-de-la-Visitation, le Bois-de-Liesse, le Bois-de-l'Île-Bizard et Cap-Saint-Jacques), car le sixième, celui de l'Anse-à-l'Orme, n'est, pour l'instant, aménagé qu'à l'intention des amateurs de planche à voile et de dériveur. Les trois autres parcs-nature, le Bois-d'Anjou (40 ha), le Bois-de-Saraguay (96 ha) et le Bois-de-la-Roche (191 ha), seront aménagés au cours des prochaines années.

Après avoir fait l'acquisition puis l'aménagement des deux premiers parcs-nature (Bois-de-Liesse et Île-de-la-Visitation) en 1979, la Communauté urbaine de Montréal continua d'acquérir de grands espaces verts dans les années quatre-vingt, pour les convertir en parcs-nature. Les neuf parcs-nature couvrent désormais une superficie de 1 300 ha (dont 24 km de rives), soit le tiers des espaces verts de tout le territoire de la CUM!

Les parcs-nature de la CUM sont de véritables oasis de verdure en milieu urbain où l'on peut marcher à souhait. Les cinq parcs présentés dans ce guide offrent plus de 70 km de sentiers de randonnée pédestre. Marais, champs, plaines, buttes, bords de l'eau, ruisseaux, plages, forêts matures, sous-bois, flore et faune riches et diversifiées, sites historiques, belvédères, etc. font de ces parcs des haltes obligatoires pour tout amoureux de randonnée pédestre, d'activités de plein air quatre saisons ou d'observation de la nature.

Afin d'assurer la conservation et le respect du milieu naturel de ces parcs urbains, l'approche privilégiée dans les différents parcs-nature est l'éducation en environnement. Ainsi, plusieurs activités éducatives sont proposées afin de sensibiliser les différents groupes de visiteurs (grand public, groupes scolaires, aînés). Selon la saison et le parc, des ateliers, des stages d'observation, des randonnées guidées, des causeries et des expositions sont présentés aux visiteurs.

Parmi les activités de plein air que le visiteur peut pratiquer dans l'un ou l'autre de ces parcs, on retrouve l'observation de la nature, l'ornithologie, le vélo, la baignade, la planche à voile, le dériveur, le canot, le kayak, la pêche, le ski de fond, la raquette et la glissade. Plusieurs parcs offrent également un service de location (vélos, embarcations nautiques, skis de fond, luges et chambres à air pour la glissade, etc.).

Voici les principaux règlements en vigueur dans les parcs-nature :

- les animaux domestiques sont interdits (sauf s'il s'agit d'un chien-guide);

- il est interdit de nourrir les animaux;

- il est interdit de chasser ou de piéger;

- il est interdit de cueillir des plantes, des fleurs ou des champignons;

- il est interdit de sortir des sentiers aménagés;

- les vélos de montagnes doivent demeurer sur la piste cyclable;

- il est interdit de jeter des déchets ailleurs qu'aux endroits réservés à cet effet.

Les parcs-nature sont ouverts au public tous les jours (quatre saisons), du lever au coucher du soleil. Les heures et les périodes d'ouverture des différents chalets d'accueil varient selon la saison. Certains chalets peuvent même être fermés pendant quelques semaines (surtout vers la fin de l'automne).

Mis à part le parc-nature du Bois-de-l'Île-Bizard, les parcs-nature sont accessibles par les transports publics (STCUM).

Les stationnements des parcs-nature sont tous payants. Le tarif est de 1 $ l'heure, et d'un maximum de 5 $ par jour. Les horodateurs acceptent la monnaie ainsi que les cartes de crédit Visa et Master Card. Un permis annuel (25 $, ou 20 $ après le 1er mai), permettant de stationner dans tous les parcs-nature, est en vente dans les différents chalets d'accueil.

Informations : Services administratifs du réseau des parcs-nature, 2580 boulevard Saint-Joseph Est, Montréal, H1Y 2A2, ☎ (514) 280-6700, ⇄ 280-6787.

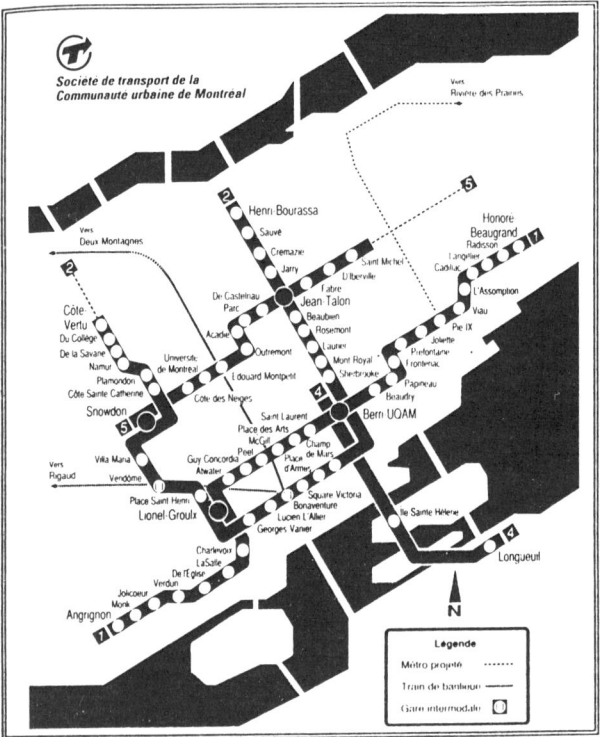

Société de transport de la
Communauté urbaine de Montréal

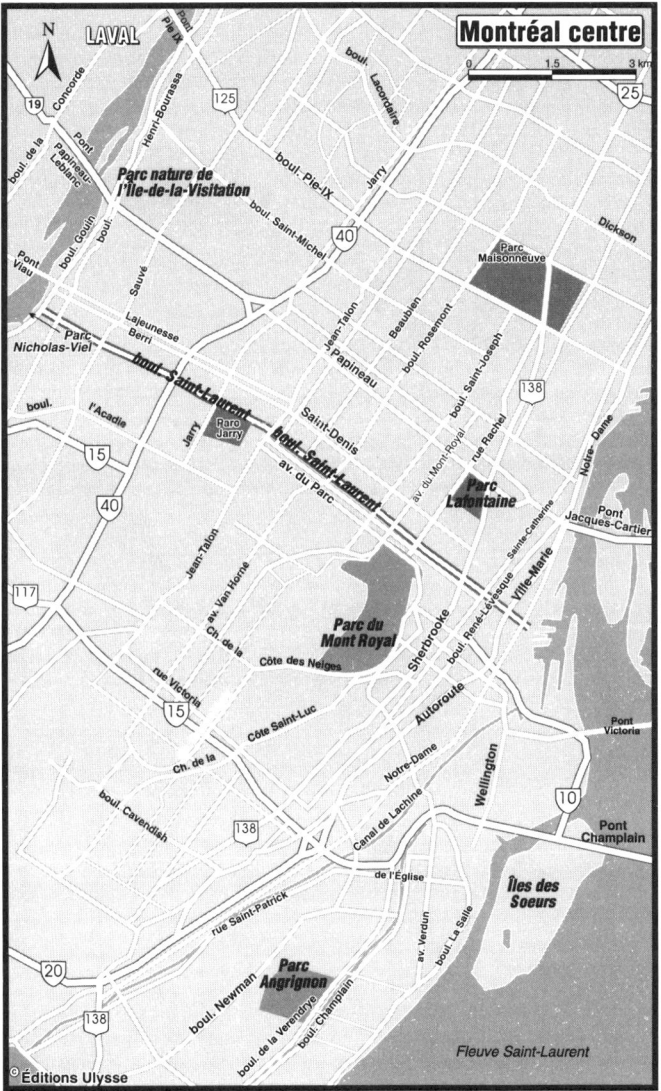

Montréal centre

LAVAL

Parc nature de l'Île-de-la-Visitation

Parc Maisonneuve

Parc Nicholas-Viel

boul. Saint-Laurent

Parc Jarry

boul. Saint-Laurent

Parc Lafontaine

Parc du Mont Royal

Parc Angrignon

Îles des Soeurs

Fleuve Saint-Laurent

© Éditions Ulysse

Le boulevard Saint-Laurent ★

Faire de la randonnée pédestre à Montréal est de plus en plus facile, notamment grâce aux nombreux parcs et grands espaces verts de la ville. Mais marcher à Montréal, le Montréal des trottoirs, de la rue, des boutiques, des restaurants, des cafés, des bars, le Montréal des quartiers, le Montréal ethnique, le Montréal culturel, est-ce possible?

Oui! En plus, tout cela est possible en n'empruntant qu'une seule artère, le boulevard Saint-Laurent. Long de 11 km, le boulevard Saint-Laurent représente un beau défi à relever pour le randonneur avide de connaître, mais surtout de sentir et de vivre, cette grande métropole qu'est Montréal.

À la fin du XVIIIe siècle, le faubourg Saint-Laurent se développe en bordure du chemin du même nom, qui conduit à l'intérieur des terres. En 1792, on en fait la division officielle de la ville, en deux quartiers est et ouest, de part et d'autre de l'artère. Puis, au début du XXe siècle, les adresses des rues est-ouest sont réparties de façon à débuter au boulevard Saint-Laurent. Entre-temps, vers 1880, la haute société canadienne-française conçoit même le projet de faire de ce boulevard les «Champs-Élysées» montréalais. Mais l'histoire en décidera autrement.

Le boulevard Saint-Laurent peut être décrit comme le berceau de l'immigration à Montréal. En effet, depuis 1880, les nouveaux arrivants s'installent le long d'un segment précis du boulevard, selon leur appartenance ethnique. Si, au bout d'un certain temps, ils vont s'installer dans un autre quartier de la ville ou en banlieue, plusieurs habitent dans un quartier commerçant bien distinct (italien, portugais, chinois, etc.).

■ Où, quand, comment?

Informations

Le guide Ulysse de Montréal regorge d'informations pertinentes sur le boulevard Saint-Laurent, mais également sur les quartiers qu'il traverse.

Accès

Le boulevard Saint-Laurent est décrit dans le sens nord-sud. Le point de départ est situé au parc Nicolas-Viel (à l'angle des boulevards Saint-

Laurent et Gouin). Transports publics : métro Henri-Bourassa et autobus 69 Ouest. Arrêt à l'angle des boulevards Saint-Laurent et Gouin. Voitures : un stationnement est situé dans le parc Nicolas-Viel, sur le boulevard Saint-Laurent, au nord du boulevard Gouin (rue Somerville).

Frais :	aucuns.
Horaire :	tous les jours, en tout temps (même la nuit!).
Randonnée pédestre hivernale :	oui.
Autres activités :	non.
Animaux domestiques :	admis, si en laisse.
Services :	toilettes et aires de pique-nique dans le parc Jarry et dans d'autres parcs. Restauration tout au long du boulevard.

■ **Le réseau**

De la rivière des Prairies au fleuve Saint-Laurent, le boulevard Saint-Laurent fait un peu plus de 11 km. Il peut être parcouru dans un sens comme dans l'autre, mais l'axe nord-sud semble plus intéressant, en raison des nombreux attraits que l'on découvre dans la deuxième moitié du parcours.

Le départ de la randonnée se fait du **parc Nicolas-Viel** (0,0 km), situé au bord de la rivière des Prairies, dans le quartier Ahuntsic. Nicolas Viel était ce missionnaire récollet qui fut jeté (ou qui s'est noyé), en compagnie du Huron Ahuntsic, dans les rapides de la rivière des Prairies en 1625, d'où le nom «Sault... au-Récollet».

Traversant le quartier Ahuntsic, le boulevard mène à l'autoroute métropolitaine (3 km), puis dans le quartier Villeray, où il longe le parc Jarry. Le **parc Jarry** a constitué la première demeure de l'équipe de baseball Les Expos et a accueilli la visite du pape Jean-Paul II, en 1984. Les Internationaux de tennis y ont lieu chaque été.

Arrivé à la rue Jean-Talon (5 km), le randonneur pénètre dans la **Petite Italie**, où les cafés, trattorias et magasins d'alimentation spécialisés animent la rue. Le célèbre **marché Jean-Talon**, grouillant d'activité, n'est situé qu'à deux rues à l'est (par la rue Shamrock).

Après un petit café *espresso*, celui du **Cafe Italia** *(6840 Saint-Laurent)* étant particulièrement savoureux, le boulevard descend jusqu'à la rue Saint-Viateur (6,8 km), royaume du *bagel* encore tout chaud et de petites épiceries. À la hauteur de l'avenue Laurier, les odeurs de la fine cuisine indienne volent la vedette.

Entre l'avenue du Mont-Royal (8 km) et la rue Sherbrooke (9,7 km), une multitude de restaurants et de bars n'attendent que l'arrivée de la nuit pour faire vibrer la ville. Il n'est pas rare d'y voir plus de gens et de circulation automobile à minuit qu'à midi!

Au sud de Sherbrooke, le boulevard Saint-Laurent descend littéralement jusqu'à la rue Sainte-Catherine (10,25 km), où il est communément appelé *la Main*. Dès le début du XXe siècle, ce secteur deviendra le noyau de la vie nocturne montréalaise. À l'époque de la Prohibition (1919-1930), aux États-Unis, le secteur attire, chaque semaine, des milliers d'Américains venus y étancher leur soif et s'y divertir dans les nombreux cabarets.

Au sud du boulevard René-Lévesque, la rue de La Gauchetière nous fait pénétrer dans le **quartier chinois**. La rue de La Gauchetière a été transformée en artère piétonne, bordée de restaurants et encadrée par de belles portes à l'architecture d'inspiration chinoise.

À l'angle du boulevard Saint-Laurent et de la rue Saint-Antoine, l'**édifice de *La Presse***, journal fondé en 1884, se dresse du côté droit. Par les grandes fenêtres donnant sur le trottoir, on aperçoit les presses de l'imprimerie.

Au bout du boulevard Saint-Laurent, juste passée la rue de la Commune, on pénètre dans le **Vieux-Port** (11,4 km) à la hauteur du quai King-Edward, où se trouvent un marché aux puces, un café ainsi que le cinéma Imax. Dans le Vieux-Port, un agréable parc linéaire est aménagé sur les remblais, doublé d'une promenade le long des quais, offrant une «fenêtre» sur le fleuve, de même que sur les quelques activités maritimes qui ont été préservées.

Le mont Royal ★★★

Le mont Royal est un point de repère important dans le paysage montréalais, autour duquel gravitent les quartiers centraux de la ville. Appelée simplement «la montagne» par les citadins, cette masse trapue de 232 m de haut, à son point culminant, est en fait une des sept collines montérégiennes, qui sont autant d'intrusions de roche volcanique dans la plaine du Saint-Laurent.

En fait, le mont Royal provient d'une montée de roche (gabbro) en fusion, formée dans les profondeurs de la terre, qui s'est par la suite

Le parc du Mont-Royal

refroidie et solidifiée. Ce n'est donc pas un ancien volcan, contrairement à la croyance populaire.

Ce «poumon vert» couvert d'arbres apparaît à l'extrémité des rues du centre-ville, exerçant un effet bénéfique sur les Montréalais, qui ainsi ne perdent jamais contact avec la nature. La montagne comporte en réalité trois sommets : le premier abrite le parc du Mont-Royal, le second, l'Université de Montréal, et le troisième, Westmount, ville autonome aux belles demeures de style anglais. À cela, il faut ajouter les cimetières catholique, protestant et juif, qui forment ensemble la plus vaste nécropole du continent nord-américain.

En 1535, puis en 1541, Jacques Cartier est le premier Européen à brièvement parcourir l'île. Il en profite pour gravir la montagne occupant son centre, qu'il baptise mont Royal. Dans son journal de bord, Cartier fait également mention d'une courte visite dans un grand village amérindien situé, semble-t-il, sur les flancs de la montagne. Regroupant environ 1 500 Iroquois, ce village est alors constitué d'une cinquantaine de grandes habitations que protège une haute palissade de bois. Tout autour, on cultive maïs, courges et haricots, qui assurent l'essentiel de l'alimentation de cette population sédentaire. Malheureusement, Cartier ne laisse qu'un témoignage partiel et parfois contradictoire sur cette communauté amérindienne. On ignore donc encore actuellement l'endroit exact où s'élevait le village, de même que le nom que lui avaient donné les Amérindiens : Hochelaga ou Tutonaguy ?

Le parc du Mont-Royal, qui couvre moins de 15 % de la superficie totale du mont Royal, fut superbement aménagé par l'architecte paysagiste américain Frederick Law Olmsted (1822-1903), à qui l'on doit également le Central Park, à New York. La création du parc du Mont-Royal fait suite aux pressions des résidants du Square Mile, qui voyaient leur terrain de jeu favori déboisé par divers exploitants de bois de chauffage.

Frederick Law Olmsted prit le parti de conserver au site son caractère naturel, se limitant à aménager quelques points d'observation reliés par des sentiers en tire-bouchon, afin que les visiteurs puissent prendre le temps de s'imprégner de la beauté d'un tel parc boisé. On a dit de Frederick Law Olmsted «qu'en urbanisant la nature, il a aussi rendu la ville plus naturelle». Malheureusement, la Ville de Montréal ne respecta pas la philosophie d'Olmsted, modifiant ses plans et privilégiant des accès rapides à la montagne.

Inauguré en 1876, le parc du Mont-Royal (101 ha), concentré dans la portion sud de la montagne, n'a cessé d'être un endroit de promenade apprécié par les Montréalais. Halte obligatoire des touristes, le parc du Mont-Royal accueille annuellement près de trois millions de visiteurs.

■ Où, quand, comment?

Informations

Centre de la montagne, C.P. 86, succursale E, Montréal, H2T 3A5, ☎ (514) 844-4928, ⇄ 844-7846.

Accès

À pied, les principaux accès sont situés au nord de la rue Peel (métro Peel) et au monument Georges-Étienne Cartier, sur l'avenue du Parc, à l'extrémité ouest de la rue Rachel. Transports publics : métro Peel, puis marche vers le nord, ou métro Mont-Royal et autobus 11. Voitures : accès du côté est par l'avenue Mont-Royal et la voie Camillien-Houde, et du côté ouest par le chemin de la Côte-des-Neiges et le chemin Remembrance. Trois stationnements payants sont accessibles : au lac aux Castors, à la maison Smith (le plus près du grand chalet) et au belvédère Camillien-Houde.

Frais :	aucuns.
Horaire :	le parc est ouvert tous les jours, entre 6 h et 24 h. Le grand chalet est ouvert de 8 h 30 à 20 h. Les bureaux du Centre de la montagne sont situés à l'étage du grand chalet (mais doivent déménager sous peu à la maison Smith) et sont ouverts du lundi au vendredi, de 9 h à 17 h.
Randonnée pédestre hivernale :	oui.
Autres activités :	randonnées guidées, causeries, vélo, observation d'oiseaux, glissade, ski de fond, ski alpin, raquette, patinage, montée aux flambeaux, grande corvée.
Animaux domestiques :	admis, si en laisse.
Services :	stationnement, grand chalet, pavillon du lac aux Castors, casse-croûte, toilettes, fontaines, aires de pique-nique, carte du parc (0,50 $) et brochure d'interprétation (3$), au grand chalet.

■ **Le réseau**

Le réseau de sentiers de randonnée pédestre du parc du Mont-Royal n'est pas encore tout à fait défini. Plusieurs sentiers sont en réaménagement. Cependant, il est possible d'affirmer que le parc offre au moins une quinzaine de kilomètres de sentiers, incluant les nombreux petits sentiers secondaires ainsi que le magnifique chemin Olmsted et la boucle du sommet. De quoi marcher une journée complète, ou effectuer plusieurs visites, en découvrant une flore, une faune, une histoire et des points de vue tout à fait exceptionnels.

Au gré de ses balades, le randonneur découvrira le **monument Georges-Étienne-Cartier**, nommé en l'honneur de celui qui fut copremier ministre du Bas-Canada (1857-1862), et le magnifique **Quartier général du service des incendies de la Ville de Montréal** (1931), de style néoclassique, tous deux situés près de l'avenue du Parc. C'est du côté est de la montagne que débute le chemin Olmsted. Ce chemin mène au grand chalet, en passant par la côte Placide, le Piedmont, la Pente rocheuse, l'Escarpement, le Serpentin, la Fougeraie et la Clairière. Ces zones du parc ont été baptisées par F.L. Olmsted.

La **maison Smith**, construite en 1858 pour Hosea Bonen Smith, reflète parfaitement la vie bourgeoise de cette époque, où le mont Royal appartenait à 16 propriétaires fonciers. C'est dans cette maison que l'on doit aménager, une fois les rénovations effectuées, les bureaux du Centre de la montagne (été 1996), où les randonneurs et autres visiteurs pourront obtenir toutes les informations concernant le mont Royal.

«Le Centre de la montagne est un organisme d'éducation relative à l'environnement œuvrant depuis 1981 sur le mont Royal. Son objectif est d'amener les petits et les grands à développer un mode de vie permettant de préserver et d'améliorer la qualité de l'environnement. Il a aussi pour mission de promouvoir la conservation du mont Royal. Depuis sa création, le Centre a rejoint plus d'un million de personnes à travers une vaste gamme de services (corvée du mont Royal, montée aux flambeaux, randonnée des trois sommets, randonnées guidées, causeries, expositions, équipes d'intervention environnementale, etc.)» Le Centre produit également des publications, dont le bulletin d'informations *Sur la montagne*, la carte du parc du Mont-Royal et la superbe brochure d'interprétation *Le mont Royal revisité - Le chemin Olmsted*, indispensable au randonneur avide de renseignements historiques sur le patrimoine culturel et naturel de la montagne.

À l'ouest de la maison Smith se trouve le joli **lac aux Castors**. Entourée de verdure, cette partie du parc est la plus fréquentée par les visiteurs venus s'y détendre entre amis ou en famille. Situé dans une clairière vallonnée, le lac aux Castors fut creusé, en 1938, par 160 hommes. Ayant excavé le sol jusqu'à une profondeur de 2 m, on fit la découverte de vestiges de barrages de castors, d'où le nom du lac. En forme de trèfle à quatre feuilles, le lac aux Castors offre fraîcheur et détente lors des chaudes journées d'été et devient une magnifique patinoire, l'hiver venu.

Le chemin Olmsted mène au grand chalet ainsi qu'au sommet du mont Royal. Le **grand chalet** fut conçu par Aristide Beaugrand-Champagne en 1932, en remplacement de l'ancien pavillon d'été, qui menaçait ruine. Se prévalant de programmes d'aide mis sur pied par les deux paliers de gouvernement afin de lutter contre la crise économique (1930), la Ville de Montréal fit construire cet immense «chalet» aux grandes baies vitrées. La grande salle est tout simplement magnifique, avec sa décoration de bon goût. Le haut des murs est orné de 17 tableaux et cartes. Parmi les artistes ayant réalisé ces tableaux, on retrouve les peintres Paul-Émile Borduas (1905-1960) et Marc-Aurèle Fortin (1888-1970). Le tableau de M.-A. Fortin, intitulé *Champlain explore le site de Montréal en 1603*, avec ses nuages envoûtants, vaut la visite à lui seul.

Mais si l'on se rend au grand chalet du mont Royal, c'est d'abord pour la traditionnelle vue sur le centre-ville, depuis son belvédère, admirable en fin d'après-midi et en soirée, alors que les gratte-ciel s'illuminent. Mais, en plus des gratte-ciel, on distingue le fleuve Saint-Laurent, les ponts Jacques-Cartier, Champlain et Victoria, les îles Notre-Dame, Sainte-Hélène, des Sœurs et aux Hérons, les rapides de Lachine, ainsi que les monts Saint-Bruno, Saint-Hilaire et Rougemont, tout au loin.

Près du grand chalet, vers les escaliers qui descendent à la rue Peel, un tout nouveau sentier de randonnée pédestre a été aménagé. Nommé à juste titre «Sentier de l'escarpement», ce sentier d'environ 1 km suit le côté nord-est de la montagne et offre plusieurs superbes points de vue sur la ville et ses environs. Ce sentier suit, en parallèle, le sentier de la boucle du sommet et mène aux escaliers du belvédère de la voie Camillien-Houde.

Au sommet du mont Royal (232 m) se trouve une **croix** gigantesque de 40 m de hauteur, qui s'illumine la nuit venue. Cette croix, construite en 1924 pour la Société Saint-Jean-Baptiste, devait, à l'origine, reposée sur un bâtiment avec plates-formes d'observation. Plus loin se trouvent des tours de communications, telle la tour de la CUM, construite en 1950, et la tour de Radio-Canada, construite en 1963, qui fait 108 m de hauteur.

De l'autre côté de la voie Camillien-Houde s'étendent les cimetières Mont-Royal et Notre-Dame-des-Neiges. Le **cimetière protestant Mont-**

Royal fait partie des plus beaux parcs de la ville. Conçu comme un éden pour les vivants visitant leurs défunts, il est aménagé tel un jardin anglais dans une vallée isolée. On y retrouve une grande variété d'arbres fruitiers et de feuillus, ainsi que plusieurs espèces d'oiseaux absentes des autres régions du Québec. Ce cimetière, qui a ouvert ses portes en 1852, abrite de superbes monuments, dont l'imposant mausolée des brasseurs Molson.

Le **cimetière Notre-Dame-des-Neiges**, le plus vaste des cimetières montréalais, est une véritable cité des morts, puisque plus d'un million de personnes y ont été inhumées depuis 1854, date de son inauguration. Une liste des personnages célèbres inhumés ici est disponible sur demande. Partez à la recherche de la pierre tombale d'Émile Nelligan, de Louis Fréchette, d'Alfred Laliberté, de Louis-Hippolyte Lafontaine, de Camillien Houde, d'Honoré Mercier, etc., ou de l'obélisque à la mémoire des Patriotes de la rébellion de 1837-38.

Du cimetière et des chemins qui y conduisent, on jouit de plusieurs points de vue sur l'**oratoire Saint-Joseph** *(3800 chemin Queen Mary,* ☎ *514-733-8211)*. L'énorme édifice, coiffé d'un dôme de cuivre, le second en importance au monde après celui de Saint-Pierre-de-Rome, est érigé à flanc de colline, accentuant encore davantage son caractère mystique. De la grille d'entrée, il faut gravir plus de 300 marches pour accéder à la basilique.

L'oratoire a été construit entre 1924 et 1956, à l'instigation du bienheureux frère André (1845-1937), portier du collège Notre-Dame (situé en face), à qui l'on attribue de nombreux miracles et qui fut béatifié par le pape Jean-Paul II, le 23 mai 1982. Ce véritable complexe religieux est donc à la fois dédié à saint Joseph et à son humble créateur. Il comprend la basilique inférieure, la crypte du frère André et la basilique supérieure, ainsi que deux musées, l'un dédié à la vie du frère André, l'autre à l'art sacré. L'oratoire Saint-Joseph est un des principaux lieux de dévotion et de pèlerinage en Amérique, accueillant plus de deux millions de visiteurs annuellement.

Le pôle Maisonneuve ★★

Le pôle Maisonneuve est devenu l'une des destinations touristiques par excellence au Québec. C'est également un des terrains de jeu favoris des Montréalais. D'une superficie de 188 ha, le pôle Maisonneuve englobe le Musée des Arts décoratifs, le Parc olympique, le Biodôme, le Jardin botanique, l'Insectarium ainsi que le parc Maisonneuve. Et bien sûr, la marche constitue le moyen de locomotion par excellence pour découvrir tous ces joyaux concentrés dans un même secteur.

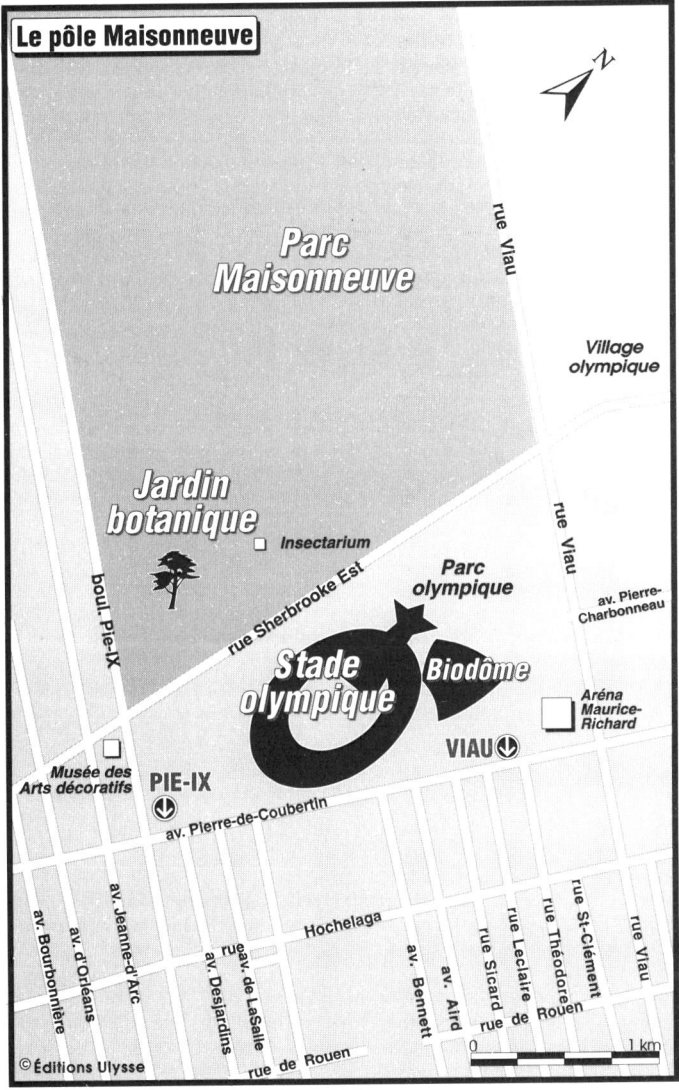

Le pôle Maisonneuve

Parc Maisonneuve

rue Viau

Village olympique

Jardin botanique

Insectarium

rue Sherbrooke Est

Parc olympique

rue Viau

av. Pierre-Charbonneau

boul. Pie-IX

Stade olympique

Biodôme

Aréna Maurice-Richard

Musée des Arts décoratifs

PIE-IX

VIAU

av. Pierre-de-Coubertin

Hochelaga

av. Bourbonnière

av. d'Orléans

av. Jeannie-d'Arc

av. de LaSalle

av. Desjardins

av. Bennett

av. Aird

rue Sicard

rue Leclaire

rue Théodore

rue St-Clément

rue de Rouen

rue Viau

rue de Rouen

0   1 km

© Éditions Ulysse

■ Où, quand, comment?

Informations

Ville de Montréal, renseignements généraux, ☎ (514) 872-1111, ou téléphonez directement au site désiré (voir plus loin).

Accès

Tous les sites mentionnés se trouvent à l'intérieur (ou aux abords) du quadrilatère délimité par le boulevard Pie-IX, l'avenue Pierre-de-Coubertin, le boulevard Viau et le boulevard Rosemont. À noter qu'un service de navette gratuit relie le Parc olympique et le Biodôme au Jardin botanique et à l'Insectarium. Transports publics : métro Pie-IX ou métro Viau. Voitures : par les rues ci-haut mentionnées. Plusieurs stationnements payants près des sites.

Frais :	des frais sont exigés pour la plupart des sites, sauf au parc Maisonneuve et dans les jardins extérieurs du Jardin botanique durant l'hiver.
Horaire :	comme les horaires sont variables selon la saison, il est préférable de téléphoner avant une visite.
Randonnée pédestre hivernale :	oui.
Autres activités :	terrains de jeu, ski de fond.
Animaux domestiques :	interdits.
Services :	stationnement, toilettes et casse-croûte dans la plupart des sites.

■ Le réseau

En 1883, la ville de Maisonneuve voit le jour à l'est de Montréal, à l'initiative de fermiers et de marchands canadiens-français. Dès 1889, les installations du port de Montréal la rejoignent, facilitant ainsi son développement. Au cours de son histoire, Maisonneuve a été profondément marquée par des hommes aux grandes idées, qui ont voulu faire de ce coin de pays un lieu d'épanouissement collectif.

Les frères Marius et Oscar Dufresne, à leur arrivée au pouvoir à la mairie de Maisonneuve, en 1910, institueront une politique de démesure en faisant ériger de prestigieux édifices publics de style Beaux-Arts, destinés à faire de «leur» ville un modèle de développement pour le Québec français. Mais la Première Guerre mondiale allait mettre un terme à cette politique, engendrant la faillite de la municipalité.

Puis en 1918, cette ville est annexée à Montréal, devenant de la sorte un de ses principaux quartiers ouvriers, francophone à 90 %.

Des frères Dufresne, il nous reste leur somptueuse demeure, nommée château Dufresne, que nous pouvons visiter et dans laquelle se trouve désormais le **Musée des Arts décoratifs** *(2929 rue Jeanne-d'Arc, ☎ 259-2575)*. Le château Dufresne, construit en 1916 et situé plus précisément à l'angle de la rue Sherbrooke et du boulevard Pie-IX, est constitué, en réalité, de deux résidences bourgeoises jumelées de 22 pièces chacune, érigées derrière une façade commune. Plusieurs pièces du château ont conservé l'apparence qu'elles avaient à l'époque des frères Dufresne.

À l'est du boulevard Pie-IX se trouve le **Parc olympique** *(4141 avenue Pierre-de-Coubertin, ☎ 252-8687)*, site des Jeux olympiques de 1976. L'instigateur de ce projet fut Jean Drapeau, maire de Montréal pendant près de 30 ans, à qui l'on doit également le métro, la Place des Arts et l'Exposition universelle de 1967. Dessiné par l'architecte parisien Roger Taillibert, le Stade olympique étonne par ses formes organiques en béton. Le stade ovale de 60 000 places est couvert d'un toit en kevlar, soutenu par des câbles tendus depuis la tour penchée, haute de 175 m. Un funiculaire monte au sommet de cette tour inclinée, la plus haute du genre au monde, d'où la vue sur la ville est des plus spectaculaires.

Tout à côté du Stade olympique, le **Biodôme** *(4777 avenue Pierre-de-Coubertin, ☎ 868-3000)*, inauguré en 1992 à l'intérieur de l'ancien vélodrome olympique, se veut un musée de l'environnement unique au monde. Ce nouveau type de musée présente, sur 10 000 m², quatre écosystèmes du continent américain fort différents les uns des autres : la forêt tropicale, avec son air chaud et humide, et sa végétation luxuriante, la forêt laurentienne, avec sa grande diversité d'habitats, le Saint-Laurent marin, avec son bassin de 2,5 millions de litres d'eau salée, et le monde polaire, où l'Arctique et l'Antarctique se côtoient!

Au nord de la rue Sherbrooke, le **Jardin botanique** *(4101 rue Sherbrooke Est, ☎ 872-1400)* nous dévoile tous ses charmes. Le Jardin botanique a été fondé par le frère Marie-Victorin en 1931. Il est désormais considéré comme le second en importance au monde. Près de 30 000 espèces et variétés de végétaux y représentent la flore du globe. D'une superficie de 73 ha, l'aménagement du Jardin botanique a été entrepris pendant la crise des années trente sur le site du Mont-de-La-Salle, la maison mère des frères des Écoles chrétiennes. Derrière l'ancien pavillon Art déco de l'École de biologie de l'Université de Montréal se dressent 10 serres d'exposition reliées les unes aux autres (forêt tropicale, régions désertiques, fougères arborescentes, jardin céleste), où l'on peut notamment admirer une précieuse collection d'orchidées ainsi que le plus important regroupement de bonsaïs et de penjings hors d'Asie.

Le Jardin botanique offre un très grand réseau de sentiers de randonnée pédestre qui sillonnent la trentaine de jardins extérieurs, dont les jardins d'exposition symétriques d'inspiration européenne, le jardin japonais (2,5 ha) et son pavillon de thé de style *sukiya*, ainsi que le superbe jardin de Chine (2,5 ha), avec ses sept pavillons réalisés par des artisans venus exprès de Chine, son Lac de rêve, sa montagne de pierres et son impressionnante collection de penjings offerte par le maître Wu Yee-Sun. Ce jardin est le plus grand du genre jamais construit hors d'Asie.

Au fond du jardin, vers le boulevard Rosemont, de petits sentiers plus tranquilles mènent au jardin Leslie-Hancock (rhododendrons, azalées, etc.), ainsi qu'à l'arboretum, où une multitude d'espèces et de variétés horticoles sont représentées.

En automne, un circuit longeant des arbres remarquables permet d'observer des scènes naturelles magnifiques aux couleurs flamboyantes (procurez-vous le petit dépliant gratuit à l'accueil). L'hiver venu, le Jardin botanique accueille les randonneurs et les skieurs (ski de fond). Les nombreux jardins sont alors agrémentés de postes d'alimentation pour les oiseaux. Lieu privilégié de bon nombre d'ornithologues, il est fréquenté par un très grand nombre d'espèces (merle d'Amérique, jaseur, sizerin blanchâtre, junco ardoisé, bruant à gorge blanche, tourterelle triste, mésange à tête noire, chardonneret jaune, sittelle à poitrine rousse, cardinal, etc.). Depuis 1992, le jardin de Chine présente des sculptures de glace lumineuses (février). Ces superbes sculptures sont taillées par une équipe d'artisans originaires de la ville de Harbin, dans le nord de la Chine.

Situé juste à l'est des serres, l'**Insectarium** *(4581 rue Sherbrooke Est, ☎ 872-1400)* nous fait découvrir le monde fascinant des insectes à l'aide de courts films et de jeux interactifs. Inauguré en 1990, l'Insectarium de Montréal abrite une prestigieuse collection de plus de 250 000 spécimens. Ne parlez surtout pas de «bébittes» à son fondateur, Georges Brossard, qui a parcouru tous les continents à la recherche d'insectes. Il pourrait vous «piquer»... une sainte colère!

Adjacent à l'Insectarium et au Jardin botanique, le **parc Maisonneuve** *(4601 rue Sherbrooke Est, ☎ 872-6555)* offre plusieurs sentiers de randonnée pédestre où il fait bon se détendre et pique-niquer. «Poumon vert» du pôle Maisonneuve, cet endroit est tout désigné pour aller se reposer entre deux visites culturelles.

Le parc des Îles ★★

Le parc des Îles, qui comprend l'île Sainte-Hélène et l'île Notre-Dame, est situé au milieu du fleuve Saint-Laurent et fait face au centre-ville de Montréal. D'une superficie de 268 ha, le parc des Îles est désormais considéré comme le plus grand parc de Montréal. Si près et si loin de la ville en même temps, il offre une quantité incroyable d'activités, de découvertes, de visites et d'espaces naturels, où il fait bon se promener et se détendre, dans un cadre enchanteur.

C'est une chance que le parc des Îles soit situé si près de la ville et qu'il soit si facilement accessible, car il y a tant de petits coins à explorer, de points de vue à contempler, d'activités à pratiquer et d'événements spéciaux auxquels assister qu'il faut bien plus qu'une visite pour avoir la sensation d'en avoir fait le tour.

■ Où, quand, comment?

Informations

Société du parc des Îles, Île Notre-Dame, Montréal, H3C 1A9, ☎ (514) 872-ILES.

Accès

Transports publics : métro Île-Sainte-Hélène. En été, une navette fluviale relie le quai Jacques-Cartier (Vieux-Port) au quai de l'île Sainte-Hélène (☎ 281-8000). Voitures : accès à l'île Sainte-Hélène par le pont Jacques-Cartier, et accès à l'île Notre-Dame par le pont de la Concorde via l'autoroute Bonaventure. Plusieurs stationnements payants sur les îles.

Frais :	aucuns frais pour se promener dans le parc des Îles. Des frais sont cependant exigés pour certaines activités et certaines visites.
Horaire :	tous les jours de l'année.
Randonnée pédestre hivernale :	oui.

Autres activités :	baignade (piscines et plage), patin à roues alignées (location), vélo, cours d'aviron, parc d'attractions (La Ronde), musée (Stewart), casino, compétition internationale de feux d'artifice, concerts, ski de fond, patin, glissade, luge finlandaise, raquette, Fête des neiges, etc.
Animaux domestiques :	admis, si en laisse.
Services :	stationnements (payants), restauration, toilettes, location (patins à roues alignées, activités nautiques), aires de jeux, aires de pique-nique.

■ Le réseau

Le réseau de sentiers de randonnée pédestre n'est pas tout à fait défini dans le parc des Îles. On y retrouve une multitude de petits sentiers ainsi que des sentiers mieux aménagés. La marche est tolérée presque partout sur les îles, si bien qu'il est facile de marcher une douzaine de kilomètres dans la journée, même plus si l'on emprunte les petites routes. Comme il y a tant à voir et à faire au parc des Îles, la marche devient le meilleur moyen de locomotion. Il ne reste plus qu'à se dresser une liste de ce que l'on veut voir, visiter et faire, et partir d'un pas décidé pour une autre journée sous le signe de la balade... sans oublier son maillot de bain!

Île Sainte-Hélène

Lorsque Samuel de Champlain aborde l'île de Montréal en 1611, il trouve, en face, un petit archipel rocailleux. Il baptise la plus grande de ces îles du nom de son épouse, Hélène Boulé. L'île Sainte-Hélène est, par la suite, rattachée à la seigneurie de Longueuil. La baronne de Longueuil y fait ériger une maison de campagne, entourée d'un jardin, vers 1720.

En 1760, l'île sera le dernier retranchement des troupes françaises en Nouvelle-France, sous le commandement du chevalier François de Lévis. Il est dit que ce dernier aurait brûlé les drapeaux des régiments français plutôt que de les rendre aux Anglais.

L'importance stratégique des lieux est reconnue par l'armée britannique, qui aménage un fort dans la partie est de l'île, au début du XIXᵉ siècle. La menace d'un conflit armé avec les Américains s'étant amenuisée, l'île Sainte-Hélène est louée à la Ville de Montréal par le gouvernement canadien en 1874. Elle devient alors un parc de détente

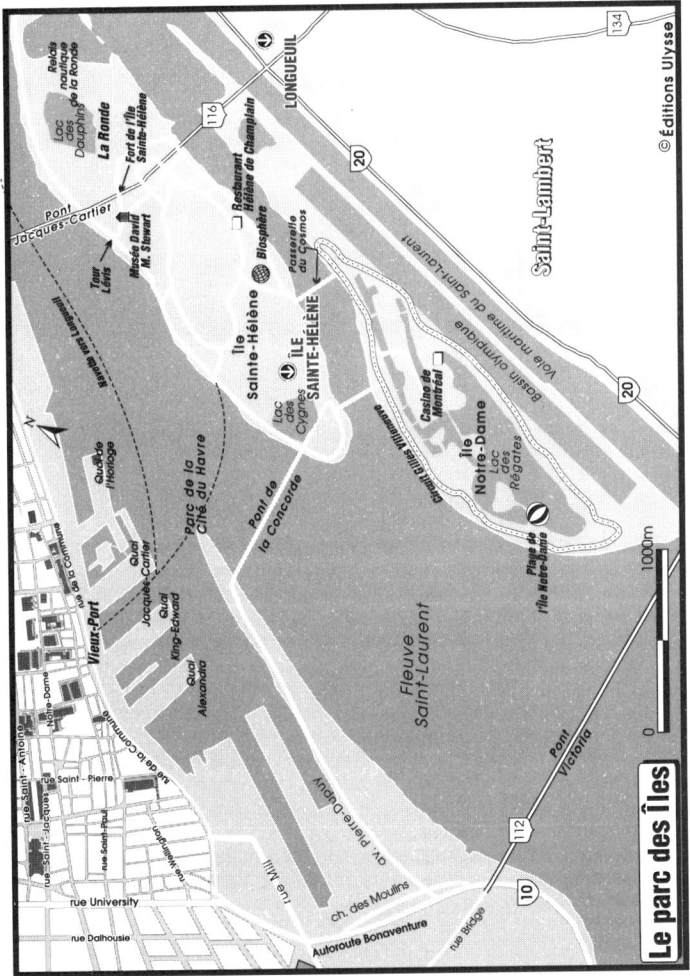

Le parc des Îles

Relais nautique de la Ronde
Lac des Dauphins de la Ronde
La Ronde
Fort de l'île Sainte-Hélène
LONGUEUIL
116
Pont Jacques-Cartier
Restaurant Hélène de Champlain
Musée David M. Stewart
Biosphère
Tour Lévis
Passerelle du Cosmos
20
Île Sainte-Hélène
ÎLE SAINTE-HÉLÈNE
Lac des Cygnes
Navette vers Longueuil
Quai de l'Horloge
Quai Jacques-Cartier
Quai de la Commune
Parc de la Cité du Havre
Pont de la Concorde
Voie maritime du Saint-Laurent
Bassin olympique
Casino de Montréal
Chenal Le Moyne
Île Notre-Dame
Lac des Régates
20
Plage de l'île Notre-Dame
Vieux-Port
Quai King-Edward
Quai Alexandra
rue Saint-Antoine
rue Notre-Dame
rue Saint-Jacques
rue Saint-Pierre
rue Saint-Paul
rue de la Commune
rue McGill
rue University
rue Dalhousie
Fleuve Saint-Laurent
av. Pierre-Dupuy
rue du Mill
ch. des Moulins
Autoroute Bonaventure
rue Bridge
Pont Victoria
112
10
0   1000m

© Éditions Ulysse

Saint-Lambert

13.4

relié au Vieux-Montréal par un service de traversiers et, à partir de 1930, par le pont Jacques-Cartier.

Au début des années soixante, Montréal obtient l'Exposition universelle de 1967. On désire l'aménager sur un vaste site attrayant et situé à proximité du centre-ville. Un tel site n'existe pas. Il faut donc l'inventer de toutes pièces, en doublant la superficie de l'île Sainte-Hélène et en créant l'île Notre-Dame, à l'aide de la terre excavée des tunnels du métro. D'avril à novembre 1967, 45 millions de visiteurs fouleront le sol des deux îles et de la Cité du Havre pour visiter «L'Expo», comme l'appellent encore familièrement les Montréalais.

Au centre de l'île se dresse, légèrement surélevé, le **parc Hélène-de-Champlain**. Cette île ayant une superficie de 50 ha à l'origine, les travaux d'Expo 67 l'ont portée à plus de 120 ha. La portion originale correspond au territoire surélevé et ponctué de rochers, composés d'une pierre d'un type particulier à l'île appelée «brèche», une pierre très dure et ferreuse qui prend une teinte orangée avec le temps, lorsqu'elle est exposée à l'air.

En 1992, la portion ouest de l'île a été réaménagée en un vaste amphithéâtre en plein air, où sont présentés des spectacles à grand déploiement. Sur une belle place en bordure de la rive, faisant face à Montréal, on aperçoit *L'Homme*, une superbe sculpture d'Alexandre Calder inaugurée pour Expo 67.

De petits sentiers conduisent vers l'intérieur de l'île. À l'orée du parc original, on peut voir le chalet des baigneurs, avec son revêtement en pierre de brèche, et ses piscines extérieures, aménagées pendant la crise des années trente. L'île, au relief complexe, est dominée par la **tour Lévis**, simple château d'eau aux allures de donjon érigé en 1936, et par le **blockhaus fénien**, poste d'observation en bois élevé en 1849.

Dans le nord de l'île, près du pont Jacques-Cartier, se trouve le **fort de l'île Sainte-Hélène**. C'est à la suite de la guerre de 1812, entre les États-Unis et la Grande-Bretagne, que le fort est construit afin que l'on puisse défendre adéquatement Montréal, si jamais un nouveau conflit devait éclater. Les travaux effectués sous la supervision de l'ingénieur Elias Walker Durnford sont achevés en 1825. L'ensemble en pierre de brèche se présente tel un «U» échancré entourant une place d'armes, qui sert, de nos jours, de terrain de parade à la Compagnie Franche de la Marine et au 78e régiment des Fraser Highlanders. Ces deux régiments factices en costume d'époque font revivre les traditions militaires françaises et écossaises du Canada, au grand plaisir des visiteurs.

À l'intérieur de l'arsenal est installé le **Musée David M. Stewart** *(☎ 861-6701)*, aussi appelé Musée des découvertes. On y présente un ensemble d'objets des XVIIᵉ et XVIIIᵉ siècles, parmi lesquels figurent d'intéressantes collections de cartes, d'armes à feu, d'instruments scientifiques et de navigation, rassemblées par l'industriel montréalais David Stewart et son épouse, Liliane.

Au bout de l'île, de l'autre côté du pont Jacques-Cartier, le plus important parc d'attractions du Québec, **La Ronde** *(☎ 872-6222)*, occupe l'ancienne île Ronde. Inaugurée lors d'Expo 67, La Ronde accueille les amateurs de sensations fortes. Durant les mois de juin et de juillet s'y déroule une des plus importantes compétitions d'art pyrotechnique du monde.

En empruntant le petit sentier qui longe le littoral sud de l'île, en face de l'île Notre-Dame, on parvient au **restaurant Hélène-de-Champlain**. Construit comme pavillon des sports en 1938, il rappelle, par son style inspiré de l'architecture de la Nouvelle-France, la maison d'été de la baronne de Longueuil, autrefois située dans les environs.

Tout à côté du restaurant se dresse fièrement la **Biosphère** *(☎ 283-5000)*, l'ancien pavillon américain d'Expo 67. Il s'agit du premier dôme géodésique complet à avoir dépassé le stade de la maquette. Son concepteur est le célèbre ingénieur Richard Buckminster Fuller (1895-1983). La Biosphère, de 80 m de diamètre et à structure tubulaire en aluminium, a malheureusement perdu son revêtement translucide en acrylique, lors d'un incendie en 1978. Rouverte au grand public, la Biosphère est devenue un haut lieu de connaissances sur l'eau et d'observation active de l'écosystème que forment le fleuve Saint-Laurent et les Grands Lacs. On y retrouve quatre salles d'exposition interactives, fascinantes à parcourir.

Île Notre-Dame

L'île Notre-Dame est sortie des eaux du fleuve Saint-Laurent en l'espace de 10 mois, grâce aux 15 millions de tonnes de roc et de terre transportés sur le site depuis le chantier du métro (1967). Comme il s'agit d'une île artificielle, on a pu lui donner une configuration fantaisiste, en jouant autant avec la terre qu'avec l'eau. Ainsi, l'île offre d'agréables canaux et jardins, aménagés à l'occasion des Floralies internationales de 1980. Ce superbe parc floral a conservé son cachet exotique et abrite les jardins d'une quinzaine de pays.

Au centre de l'île, le **Casino de Montréal** *(☎ 392-2746)* attire l'attention. L'ancien pavillon de la France d'Expo 67, un bâtiment en aluminium, a été conçu par l'architecte Jean Faugeron. Des galeries supérieures, on a de beaux points de vue sur le centre-ville et sur la Voie maritime du Saint-Laurent. L'étrange structure trouée, au sud, a été érigée pour reloger les innombrables hirondelles, qui faisaient autrefois leur nid dans les recoins de l'ancien pavillon français.

Au bout de l'île, vers le pont Victoria, une superbe **plage** sablonneuse accueille les amants de la baignade et des sports nautiques, lors des chaudes journées d'été. Le système de filtration naturel permet de garder l'eau du petit lac intérieur propre, sans devoir employer d'additifs chimiques. Près de la plage des Îles, le pavillon des activités nautiques offre en location des canots, des planches à voile ainsi que des dériveurs. Dans le jardin des Floralies, on peut également louer des pédalos pour se promener dans les petits canaux.

D'autres installations de sports et de loisirs s'ajoutent à ceux déjà mentionnés, soit le **Bassin olympique**, aménagé à l'occasion des Jeux olympiques de 1976, où il est possible de s'initier à l'aviron *(Club d'aviron de Montréal, ☎ 861-8959)*, et le **circuit Gilles-Villeneuve**, où l'on dispute, chaque année, le Grand Prix de Formule 1 du Canada. En 1995, la Société du parc des Îles a aménagé une piste de patins à roues alignées, d'une longueur de 5 km, sur l'île Notre-Dame (service de location).

Le Bois de l'île des Sœurs ★

L'île des Sœurs a été acquise par les Dames de la Congrégation de Notre-Dame en 1676. Ces dernières la baptisèrent «île Saint-Paul». Vers 1720, un vaste manoir de pierres et divers bâtiments de ferme sont érigés dans la partie nord de l'île. À la suite du départ des religieuses en 1956, les bâtiments sont incendiés.

Puis l'île passe entre les mains d'un important promoteur qui trace les premières rues et fait construire trois tours d'habitation (sur le boulevard de l'île des Sœurs, au sud-ouest de la rue Corot), dessinées en 1967 par le célèbre architecte d'origine allemande Ludwig Mies van der Rohe. Celui-ci est également l'auteur de l'élégante station-service située près de la rue Berlioz (1968).

Plus récemment, l'île des Sœurs a vu éclore différents projets d'intérêt inégal. Mais, heureusement, le bois a pu être conservé, la Ville de Verdun ayant décidé de lui donner le statut de patrimoine écologique. Ainsi, un réseau de sentiers de randonnée pédestre a été aménagé, permettant de parcourir ce riche bois, d'explorer les rives d'un lac et de se familiariser avec la faune et la flore de ce secteur, réputé comme étant une véritable réserve ornithologique.

■ **Où, quand, comment?**

Informations

Ville de Verdun, Service d'urbanisme, 4555 avenue Verdun, Verdun, H4G 1M4, ☎ (514) 765-7080.

Accès

Transports publics : métro LaSalle et autobus 12, ou métro Bonaventure et autobus 168. Voitures : autoroute Bonaventure Ouest, ou autoroute 15 et 20 menant au pont Champlain, sortie Île-des-Sœurs. Un stationnement est situé au bout du boulevard de la Forêt (via le boulevard Marguerite-Bourgeoys et le boulevard de l'Île-des-Sœurs), et un autre est situé au bout de la rue Berlioz (via le boulevard Marguerite-Bourgeoys).

Frais :	aucuns.
Horaire :	du lever au coucher du soleil.
Randonnée pédestre hivernale :	oui.
Autres activités :	ski de fond.
Animaux domestiques :	admis, si en laisse.
Services :	stationnement, carte du site (2 $, à l'hôtel de ville).

■ **Le réseau**

Le réseau de sentiers était, à l'automne 1995, dans sa phase d'aménagement, si bien qu'il était difficile de prévoir le nombre exact de kilomètres. Selon l'ancienne carte des sentiers de ski de fond, il serait logique d'avancer le chiffre de 3 km.

Les sentiers (L'Érablière, Le Marécage, La Frênaie et Le Lac) sont courts et bien entretenus. Il est facile d'y entrer et d'en sortir, car on dénombre pas moins de sept accès. Plusieurs panneaux d'interprétation, placés çà et là, informent le randonneur sur les différents attraits du bois, ainsi que sur la richesse d'un tel milieu humide à proximité d'une grande ville. Les pics, notamment le pic flamboyant, le pic mineur et le pic chevelu, semblent particulièrement apprécier ce paisible bois.

Au gré de la balade, on contemple une érablière à caryer, une érablière argentée, des peupliers à feuilles deltoïdes, des noyers cendrés donnant des noix dont les écureuils raffolent, et les restes (troncs) d'ormes d'Amérique victimes de la maladie hollandaise de l'orme, causée par un champignon. La frênaie rouge occupe la majorité de la superficie du bois et se trouve à mi-chemin entre les sites drainés, propices à l'érablière à caryer, et les dépressions inondables, où se trouve l'érablière argentée.

Au bout du bois, un très joli petit lac se dévoile soudainement. Ce lac est en fait un immense trou creusé au début des années soixante-dix, afin de recevoir des matériaux provenant de l'excavation du métro de Montréal. Mais il en fut décidé autrement, et l'imposant trou se remplit peu à peu d'eau et forma un petit lac et des marais. De nos jours, ces étendues d'eau accueillent, de la fin mars à la mi-mai, des dizaines de canards nageant parmi les arbres inondés. L'été durant, c'est le canard colvert et le canard siffleur qui s'y installent, en nichant sur les rives.

Près du lac, la vue sur le fleuve Saint-Laurent, le centre-ville de Montréal, avec ses nombreux gratte-ciel, et le mont Royal est particulièrement propice à la détente.

Le canal de Lachine ★★

Les abords du canal de Lachine ont été réaménagés dans le but de mettre en valeur cette voie de communication, si importante au cours du XIXe siècle et au début du XXe siècle. Un sentier pédestre et une piste cyclable longent le canal, du Vieux-Port de Montréal jusqu'au parc René-Lévesque, à Lachine, cette mince bande de terre qui avance dans le lac Saint-Louis.

L'histoire du canal de Lachine remonte au XVIIe siècle. Une ferme appartenant aux Messieurs de Saint-Sulpice, alors seigneurs de l'île de Montréal, occupait toute la partie nord de la pointe Saint-Charles. Les sulpiciens, soucieux de développer leur île, entreprennent en 1689 de creuser un canal à même la rivière Saint-Pierre, qui délimite leur propriété, afin de contourner les fameux rapides de Lachine, qui entravent la navigation sur le fleuve Saint-Laurent, en amont de Montréal.

Ces prêtres visionnaires, peut-être trop ambitieux pour leur époque, entament les travaux avant même de demander la permission de leur ordre ou d'obtenir des fonds du Roi, deux autorisations qui leur seront refusées. Les travaux furent donc interrompus jusqu'en 1821, alors que débute le chantier du canal actuel.

Le canal de Lachine, long de 13,4 km, a été ouvert à la navigation en 1824. Il permettait aux bateaux de relier le port de Montréal au lac Saint-Louis, en contournant les rapides et les 14,3 m de dénivellation entre Montréal et Lachine. Le canal comportait sept écluses en pierre de taille, chacune mesurant 30 m de longueur par 6 m de largeur. Élargi à deux reprises par la suite, il servira jusqu'à l'ouverture de la Voie maritime du Saint-Laurent, en 1959. En 1970, il fut définitivement fermé. Le Service canadien des parcs s'est porté acquéreur du canal et de ses rives en 1979.

■ **Où, quand, comment?**

Informations

Canal de Lachine, 200 boulevard René-Lévesque Ouest, Tour Ouest, 6ᵉ étage, Montréal, H2Z 1X4, ☎ (514) 283-6054.

Accès

Plusieurs accès possibles le long du canal. Transports publics : métro Square-Victoria; descendez la rue McGill jusqu'à de la Commune, où un centre d'interprétation est situé à l'intérieur de la maison des Éclusiers. Il est également facile de se rendre au canal à partir de la station de métro Charlevoix. Pour parvenir au Centre d'interprétation de l'île Monk, à Lachine; métro Angrignon et autobus 195 Ouest. Voitures : plusieurs stationnements; sous l'autoroute Bonaventure, à Côte-Saint-Paul, à l'île Monk et au Lieu historique national du Commerce-de-la-fourrure-à-Lachine.

Frais :	aucuns.
Horaire :	tous les jours, du lever du soleil à minuit.
Randonnée pédestre hivernale :	oui.
Autres activités :	vélo (piste cyclable), ski de fond, raquette.
Animaux domestiques :	admis, si en laisse.
Services :	plusieurs stationnements, deux centres d'interprétation (pavillon de l'île Monk, à Lachine, et maison des Éclusiers, au Vieux-Port; ouverts de mai à septembre), casse-croûte (entrée Bonaventure, Côte-Saint-Paul), dépliants.

■ Le réseau

Le sentier du canal de Lachine fait 14 km. Il relie le Vieux-Port au parc René-Lévesque, à Lachine. Il peut être parcouru dans les deux sens. Il est également possible de n'en traverser qu'une section et de revenir au point de départ par les transports publics.

Le port de Montréal est le plus important port intérieur du continent. Il s'étend sur 25 km le long du fleuve, de la Cité du Havre aux raffineries de Montréal-Est. Le **Vieux-Port** correspond à la portion historique du havre, devant le Vieux-Montréal. Délaissé à cause de son ancienneté, il a été réaménagé entre 1983 et 1992 pour accueillir les promeneurs.

L'embouchure du canal Lachine est située à l'angle des rues McGill et de la Commune. Les écluses du canal, restaurées en 1991, sont adjacentes à un parc et à l'audacieuse **maison des Éclusiers**, là où se trouve un des deux centres d'interprétation de l'histoire du canal. Au sud des premières écluses se dresse le dernier des grands silos à grains du Vieux-Port, érigé en 1905.

Le sentier du canal de Lachine traverse les municipalités de Montréal, de Ville-Saint-Pierre, de LaSalle et de Lachine. Il parcourt également de vieux quartiers, comme Saint-Henri, Pointe Saint-Charles, La Petite-Bourgogne et Côte-Saint-Paul. Le long du sentier, le randonneur doit franchir une douzaine de petits ponts et peut contempler les cinq écluses que compte désormais le canal. À Côte-Saint-Paul, on retrouve un petit casse-croûte ainsi qu'un atelier de réparation de vélos dans un ancien fourgon de queue.

À l'extrémité ouest du canal de Lachine, le sentier conduit au **parc René-Lévesque**, d'où la vue sur le lac Saint-Louis est tout simplement sublime. Trois étroites langues de terre, aménagées de main d'homme, forment l'embouchure du canal de Lachine, à la manière d'un estuaire évasé et tentaculaire. Le parc dispose de quelques bancs et de tables à pique-nique. En outre, des milliers de goélands viennent s'y reposer. Au bout du parc, où se trouve le Yachting Club, un bateau-passeur se rend près du vieux Lachine.

À l'entrée du canal s'étend le parc Monk, où le deuxième centre d'interprétation de l'histoire du canal est situé. Le randonneur désireux d'en connaître davantage sur le passé historique de Lachine se rendra au **Lieu historique national du Commerce-de-la-fourrure-à-Lachine** *(1255 boulevard Saint-Joseph, ☎ 637-7433)*, ainsi qu'au **Musée de Lachine** *(110 chemin LaSalle, ☎ 634-3471, poste 346)*. La visite de ces lieux chargés d'histoire est gratuite et révèle toute l'importance qu'avait la traite des fourrures comme principale activité économique de la région montréalaise pendant près de deux siècles.

Le parc Angrignon ★

Le parc Angrignon, avec ses 107 ha, est demeuré un parc où il fait bon se balader au gré de ses découvertes. Avec son long mais étroit lac, son étang et sa forêt, le parc Angrignon a de quoi faire oublier la ville pour quelques heures. C'est également un parc où il est possible de pratiquer une foule d'activités physiques, toute l'année durant.

On dit qu'à l'origine le parc Angrignon devait abriter un important jardin zoologique, semblable à celui que l'on retrouve à Granby. Mais il en fut décidé autrement, et le parc eut plutôt une vocation récréative et familiale. On y installa tout de même un mini-zoo, dans les Quartiers d'hiver, ce qui fit le bonheur des visiteurs jusqu'à récemment. Les animaux que l'on gardait durant l'hiver provenaient du Jardin des merveilles du parc Lafontaine. Depuis quelques années cependant, le parc Angrignon ne garde plus d'animaux sauvages ou exotiques. Durant la belle saison, des animaux de la ferme peuvent être admirés à La petite ferme, située tout près des Quartiers d'hiver et de la station de métro Angrignon.

Le programme d'activités d'animation de plein air est géré par le Centre d'animation du parc Angrignon (CAPA), une corporation sans but lucratif partenaire de la Ville de Montréal. Le CAPA offre une foule d'activités quatre saisons. Des cours de ski de fond, aux différents ateliers, en passant par le programme scolaire, petits et grands peuvent découvrir les joies de jouer dehors au parc Angrignon. À l'intérieur des Quartiers d'hiver, le Fort Angrignon propose un parcours d'épreuves (escalade, labyrinthe, énigmes, etc.), où la force, l'agilité, le courage et l'esprit d'équipe sont obligatoires (s'informer des modalités d'inscription).

■ Où, quand, comment?

Informations

Centre d'animation du parc Angrignon (CAPA), 3400 boulevard des Trinitaires, ☎ (514) 872-3816.

Accès

L'accès principal est situé aux Quartiers d'hiver, à deux pas de la station de métro Angrignon. Voitures : un stationnement payant est situé juste à côté de la station de métro Angrignon (boulevard des Trinitaires) et des Quartiers d'hiver (chalet principal). Un autre stationnement (gratuit) est situé sur le côté est du parc, via le boulevard de La Vérendrye.

Frais :	aucuns (sauf pour le stationnement près du métro et certaines organisées)
Horaire :	Le chalet principal est ouvert entre 9 h et 18 h en été, et entre 9 h et 22 h en hiver.
Randonnée pédestre hivernale :	oui (3,6 km).
Autres activités :	visite de La petite ferme, jeux nature et animation, vélo, pique-nique, patin à roues alignées, ski de fond, raquette, glissade, patin, parcours d'épreuves.
Animaux domestiques :	admis, si en laisse.
Services :	stationnement, chalet principal, restauration, toilettes, location d'équipement, casiers, premiers soins.

■ Le réseau

Le réseau compte environ 10 km de sentiers de randonnée pédestre. Il s'agit de la petite route principale du parc ainsi que de plusieurs petits sentiers à travers bois. Les sentiers sont quelque peu anarchiques et vont en tous sens. D'ici quelques années, la Ville de Montréal prévoit restructurer le tout afin de rendre le réseau plus homogène, et ainsi éviter la détérioration rapide du sol de la forêt. Les plans d'aménagement du parc sont même déjà dessinés. On y privilégie le côté champêtre du parc.

Au gré de sa balade, le randonneur ne manquera pas de se rendre à l'extrémité ouest du grand lac. Le point de vue sur le lac, qui mesure 1,1 km de long, est superbe. Entouré de toute cette jolie végétation, cet endroit est parfait pour rêvasser quelques instants, à moins que l'on préfère se détendre à l'ombre d'un saule pleureur, d'un érable ou d'un orme.

Le parc-nature de la Pointe-aux-Prairies ★★

Le parc-nature de la Pointe-aux-Prairies est situé à l'extrémité est de l'île de Montréal, dans les quartiers Rivière-des-Prairies et Pointe-aux-Trembles. D'une superficie de 247 ha, ce parc s'étend de la rivière des Prairies jusqu'au fleuve Saint-Laurent, bien que la zone située au sud de la rue Sherbrooke ne soit pas encore aménagée.

Le parc-nature de la Pointe-aux-Prairies est une véritable oasis de verdure en plein milieu urbain, où il est possible de prendre connaissance et d'apprécier une variété d'écosystèmes. On y retrouve des bois matures, des marais ainsi que des champs.

Ce parc-nature vise à mettre en valeur des éléments représentatifs du patrimoine naturel de l'est de l'île de Montréal. Il constitue le deuxième plus grand parc de la Communauté urbaine de Montréal, après celui du Cap-Saint-Jacques (288 ha). Lieu propice à la détente, ce parc-nature offre l'initiation aux sciences de la nature, ainsi que la pratique de certaines activités de plein air compatibles avec la vocation écologique du parc.

■ **Où, quand, comment?**

Informations

Bureaux administratifs, 12980 boulevard Gouin Est, Montréal, H1C 1C1, ☎ (514) 280-6699, ⇄ 280-6672.

Accès

Le parc est divisé en deux secteurs bien distincts. 1) Secteur du Bois-de-l'Héritage : chalet Héritage *(14905 rue Sherbrooke Est,* ☎ *280-6691)*. Transports publics : métro Honoré-Beaugrand, autobus 189 jusqu'à la rue Yves-Thériault. Prenez cette rue, du côté nord de Sherbrooke, jusqu'à l'entrée du parc. Voitures : autoroute 40 Est, sortie 87. Empruntez la rue Sherbrooke Est jusqu'à l'entrée du parc, située juste après la rue Arthur-Généreux. 2) Secteur de la Rivière-des-Prairies : pavillon des Marais *(12300 boulevard Gouin Est,* ☎ *280-6688)*, chalet Rivière-des-Prairies *(12980 boulevard Gouin Est,* ☎ *280-6772)* et maison Bleau *(13200 boulevard Gouin Est,* ☎ *280-6698)*. Transports publics : métro Radisson, autobus 44, puis autobus 42, en direction est, ou métro Honoré-Beaugrand, autobus 189 jusqu'au terminus, puis autobus 42, en direction ouest. Voitures : autoroute 40 Est, sortie 85. Prenez le boulevard Saint-Jean-Baptiste

Nord jusqu'au boulevard Gouin. Tournez à droite sur Gouin, et continuez jusqu'à l'adresse désirée.

Frais :	aucuns.
Horaire :	tous les jours, du lever au coucher du soleil. Vérifiez les heures et les différentes périodes d'ouverture des chalets d'accueil.
Randonnée pédestre hivernale :	oui (3,8 km).
Autres activités :	vélo (piste cyclable), ski de fond, glissade, raquette, activités animées, groupes scolaires, camps de jour, randonnées guidées, ateliers, conférences.
Animaux domestiques :	interdits.
Services :	stationnements (payants), chalets d'accueil, toilettes, casse-croûte, aires de pique-nique, premiers soins, maison culturelle, centre d'interprétation, location de skis, carte des sentiers, dépliants, brochures.

■ Le réseau

Le réseau compte 16,7 km de sentiers de randonnée pédestre, dont 13,6 km de sentiers polyvalents, où marcheurs et cyclistes se côtoient, et 3,1 km de sentiers réservés à la randonnée pédestre uniquement.

Du côté du secteur du **Bois-de-l'Héritage**, le chalet Héritage présente des panneaux d'interprétation ainsi que des jeux interactifs sur des thématiques saisonnières. C'est également ici que l'on accueille les groupes scolaires ainsi que les camps de jour estivaux (juillet et août), destinés aux jeunes de 6 à 14 ans.

Le secteur du Bois-de-l'Héritage, qui comprend également le Bois-de-la-Réparation, abrite les seuls bois matures à l'est du mont Royal. En raison de la grande diversité de ses habitats (bois, marécages, champs en friche), ce secteur possède une faune et une flore des plus riches. Il est d'ailleurs reconnu comme étant une importante réserve ornithologique. Le parc est fréquenté par plus de 143 espèces d'oiseaux. Des postes d'alimentation d'oiseaux, installés le long des sentiers, permettent des rencontres des plus agréables. Mais le randonneur, au détour d'un sentier, peut également surprendre un joli lapin à queue blanche, un renard roux, un raton laveur ou une hermine.

Le **Bois-de-la-Réparation**, de l'autre côté du passage à niveau, abrite une magnifique érablière à caryer ainsi qu'une grande variété d'essences, dont le tilleul, le chêne et le frêne.

Pour se rendre du chalet Héritage au pavillon des Marais, il faut parcourir le sentier (6 km) qui mène de l'autre côté de l'autoroute 40, dans le secteur de la Rivière-des-Prairies.

Le pavillon des Marais, dont l'accueil et l'animation sont assurés par des membres de la Société de biologie de Montréal, présente une exposition thématique portant sur la richesse et la fragilité des milieux humides. Le visiteur ne manquera pas de monter dans la tour d'observation du pavillon, d'où la vue sur la rivière des Prairies et les marais est splendide.

À côté du pavillon, une éolienne de type *Catavent 1000*, servant à contrôler l'alimentation en eau des marais pour ne pas qu'ils s'assèchent durant l'été, se dresse fièrement. L'énergie que l'éolienne génère sert au fonctionnement de la pompe qui aspire l'eau de la rivière des Prairies afin d'alimenter les marais.

Au centre d'un des marais, un magnifique kiosque invite à la détente et à l'observation. Tout près, une aire d'observation des oiseaux a été aménagée.

Plus à l'est encore, à l'extrémité du parc, se trouve la **maison Bleau**. Cette vieille demeure (1890) remplace la maison que Laurent Bleau y construisit en 1732. De nos jours, elle accueille des artistes-résidents qui peuvent y vivre et travailler pendant un an. La maison est ouverte aux visiteurs, et, les dimanches d'été, différentes activités en arts visuels y sont organisées.

Le parc-nature de l'Île-de-la-Visitation ★★

Le parc-nature de l'Île-de-la-Visitation, situé sur le boulevard Gouin, près du pont Papineau-Leblanc, offre de jolies randonnées, surtout à caractère historique. Bien que ce parc soit le plus petit des parcs-nature (33 ha), il possède une flore et une faune des plus remarquables, en plus d'un passé historique fort intéressant.

Jusqu'aux années cinquante, le quartier du Sault-au-Récollet formait encore un village agricole le long de la rivière des Prairies, isolé de la ville. L'histoire du «Sault» est cependant très ancienne, puisque, dès 1610, Monsieur des Prairies emprunta la rivière qui porte désormais son nom en pensant qu'il s'agissait du fleuve Saint-Laurent. Puis, en

1625, le récollet Nicolas Viel et son guide amérindien Ahuntsic se noyèrent (ou furent jetés) dans les rapides du cours d'eau, d'où le nom «Sault... au-Récollet». En 1696, les sulpiciens y installèrent la mission amérindienne du fort de la Montagne. En 1726, le moulin à scie est construit, de même que la digue qui relie l'île de la Visitation à celle de Montréal. Dès le XIXᵉ siècle, Sault-au-Récollet devint un lieu de villégiature pour les Montréalais.

■ **Où, quand, comment?**

Informations

Bureaux administratifs, 12980 boulevard Gouin Est, Montréal, H1C 1C1, ☎ (514) 280-6699, ⇄ (514) 280-6672.

Accès

Parc-nature de l'Île-de-la-Visitation, 2425 boulevard Gouin Est, Montréal, H2B 1X7, ☎ (514) 280-6733. Transports publics : métro Henri-Bourassa, autobus 69 Est, arrêt rue De Lille. Montez De Lille jusqu'au boulevard Gouin. Voitures : boulevard Henri-Bourassa jusqu'à la rue De Lille, puis jusqu'au boulevard Gouin.

Frais :	aucuns.
Horaire :	tous les jours, du lever au coucher du soleil. Vérifiez les heures et les différentes périodes d'ouverture du chalet d'accueil.
Randonnée pédestre hivernale :	oui.
Autres activités :	vélo (piste cyclable), ski de fond, glissade, raquette, pêche, activités animées, groupes scolaires, randonnées guidées, ateliers, conférences, excursions ornithologiques.
Animaux domestiques :	interdits.
Services :	stationnements (payants), chalet d'accueil, toilettes, casse-croûte, aires de pique-nique, premiers soins, maison du Pressoir, maison du Meunier, location (ski et glissade), carte des sentiers, dépliants, brochures.

■ Le réseau

Le réseau compte 7,5 km de sentiers de randonnée pédestre. On y retrouve des étendues vallonnées, de petits sous-bois, les berges de la rivière des Prairies ainsi qu'une très jolie île, l'**île de la Visitation**, que l'on parcourt aisément et où la végétation abondante nous fait oublier que l'on est toujours sur le territoire de la Communauté urbaine de Montréal.

L'île de la Visitation est une longue bande de terre, fermée à chacune de ses extrémités par des digues qui contrôlent le niveau et le débit de l'eau, éliminant du coup le fameux sault qui a donné son nom au secteur. Il est possible de traverser sur l'île, soit par la rue du Pont, soit par la petite passerelle située en face du chalet d'accueil. De l'autre côté de cette passerelle, un belvédère permet d'observer la centrale hydro-électrique Rivière-des-Prairies, aménagée en 1928 par la Montreal Island Power.

Presque au centre de l'île, une croix fut érigée en hommage à Nicolas Viel et à Ahuntsic. À l'extrémité ouest de l'île, le sentier passe sous le pont Papineau-Leblanc et longe le barrage Simon-Sicard, jusqu'à l'église de la Visitation. Cette superbe église, construite entre 1749 et 1752, est la plus ancienne église qui subsiste sur l'île de Montréal. L'intérieur de l'église forme un des ensembles les plus remarquables de la sculpture sur bois au Québec.

Revenant sur l'île de la Visitation, le randonneur y découvrira quelques belles maisons, encore habitées. La petite rue du Pont permet d'observer les quelques vestiges restants des moulins que les sulpiciens y firent ériger sous le Régime français. Les moulins du Sault-au-Récollet furent exploités pendant plus de 230 années consécutives, soit de 1726 à 1960. Tout à côté du pont se trouve la **Maison du Meunier** *(10897 rue du Pont, ☎ 280-6709)*, qui sert maintenant de lieu d'expositions en arts visuels.

À l'ouest du chalet d'accueil, la **Maison du Pressoir** *(10865 rue du Pressoir, ☎ 280-6783)*, restaurée en 1982, présente une exposition sur la fabrication du cidre et sur l'historique du pressoir et de la mission des sulpiciens. Le pressoir à cidre fut érigé par Didier Joubert vers 1810. Les deux pressoirs à pommes qu'abritait la maison servirent jusqu'en 1840. Il s'agit probablement de l'unique exemple de bâtiment à colombages maçonnés qui subsiste sur l'île de Montréal. À partir de 1841, la Maison du Pressoir a subi de nombreuses transformations et divisions, du fait qu'elle servait principalement de résidence.

Afin d'en connaître davantage sur les quelque 160 espèces d'oiseaux qui fréquentent les lieux ainsi que sur les différents écosystèmes du parc-nature de l'Île-de-la-Visitation, le randonneur peut se procurer la brochure du «sentier autoguidé» à l'accueil. Ce parcours de 2 km s'effectue dans le secteur est du parc et comporte 11 stations numérotées.

Le parc-nature du Bois-de-Liesse ★★

Le parc-nature du Bois-de-Liesse est situé sur le boulevard Gouin, près de l'autoroute 13. Le parc s'étend sur le territoire de quatre villes de la Communauté urbaine de Montréal, soit Montréal, Pierrefonds, Ville-Saint-Laurent et Dollard-des-Ormeaux. D'une superficie de 159 ha, il est divisé en trois secteurs (secteur de la Péninsule, secteur des Champs et secteur des Bois-Francs) et traversé par un petit cours d'eau sinueux, le ruisseau Bertrand, qui se déverse dans la rivière des Prairies, à l'est de l'autoroute 13, en face de l'île aux Chats. La combinaison de phénomènes géographiques et écologiques exceptionnels fait de ce parc-nature un site privilégié pour l'observation d'une nature diversifiée et abondante.

Dès 1972, la Communauté urbaine de Montréal (CUM) prévoyait protéger ce grand espace vert qu'était le Bois-de-Liesse et qui s'étendait jusqu'à l'autoroute transcanadienne (la 40). Mais la construction de l'autoroute Chomedey (la 13) et du pont Louis-Buisson en 1975, qui coupait littéralement le site en deux parties inégales, modifia quelque peu les plans. Néanmoins, la CUM acquit le territoire en 1983 pour aménager un superbe parc-nature. En 1990-91, des travaux d'aménagement furent effectués afin de renforcer les caractères naturels du parc. Ainsi, des pôles aquatiques, historiques, agraires et forestiers furent créés dans les secteurs correspondants.

■ **Où, quand, comment?**

Informations

Bureaux administratifs, 9432 boulevard Gouin Ouest, Pierrefonds, H8Y 1T4, ☎ (514) 280-8706, ⇄ 280-8705.

Accès

Deux chalets d'accueil sont accessibles. 1) Maison Pitfield, 9432 boulevard Gouin Ouest, ☎ (514) 280-6729 ou 280-8706. Transports publics : métro Henri-Bourassa, autobus 69 Ouest jusqu'au terminus, puis autobus 68 jusqu'à l'entrée du parc (juste après l'autoroute 13).

Voitures : autoroute 13, sortie boulevard Gouin. La maison Pitfield est
située à 100 m à l'ouest de l'autoroute 13. 2) Chalet d'accueil des
Champs, 3555 rue Étingin, Ville-Saint-Laurent, ☎ (514) 280-6678.
Transports publics : métro Côte-Vertu, autobus 215 jusqu'à l'arrêt
Étingin, puis marche de 900 m jusqu'au chalet. Voitures : autoroute
13, sortie Henri-Bourassa. Prenez Henri-Bourassa vers l'ouest, jusqu'à
la rue Étingin, où vous tournerez à droite, et continuez jusqu'au bout.

Frais :	aucuns.
Horaire :	tous les jours, du lever au coucher du soleil. Vérifiez les heures et les différentes périodes d'ouverture des chalets d'accueil.
Randonnée pédestre hivernale :	oui (3 km).
Autres activités :	vélo (piste cyclable), canot, ski de fond, glissade, raquette, activités animées, groupes scolaires, camps de jour, programmes d'interprétation de la nature, randonnées guidées, ateliers, cliniques, conférences, exploration de la Maison des découvertes.
Animaux domestiques :	interdits.
Services :	stationnements (payants), chalets d'accueil, toilettes, casse-croûte, aires de pique-nique, premiers soins, location (vélos, skis), carte des sentiers, dépliants, brochures, service de documentation, location de salles pour réunion ou réception, hébergement pour groupes (Gîte du Ruisseau), journées thématiques, expositions.

■ Le réseau

Le réseau compte 12 km de sentiers de randonnée pédestre, dont 8 km
de sentiers partagés avec les cyclistes.

Dans le **secteur de la Péninsule**, le sentier conduit à trois observatoires,
dont deux sur le ruisseau Bertrand et un sur la rivière des Prairies, tout
près de la **Maison des découvertes** et du **Gîte du Ruisseau**. C'est ici,
juste après le petit pont menant à l'avenue du Ruisseau, que le
ruisseau Bertrand rejoint la rivière des Prairies. Dans le secteur de la
Péninsule, de très jolis spécimens d'arbres, comme le chêne blanc, le
chêne à gros fruits, l'érable argenté et le tilleul d'Amérique, peuvent
être observés. Ce secteur est également considéré comme un des

derniers refuges sur l'île d'une faune inusitée, composée de tortues serpentines ou peintes, de castors, de visons, de grands hérons, de grands-ducs et de canards huppés.

Dans le **secteur Pitfield**, on retrouve un bois d'érables argentés, un bois de saules matures ainsi que des rangées de frênes, près des champs. Mais ce qui retient surtout l'attention, c'est la superbe maison Pitfield, aujourd'hui reconvertie en accueil, en salles de réunion et de réception ainsi qu'en bureaux administratifs des parcs-nature du secteur Centre.

La **maison Pitfield** a été construite en 1954 pour Mme Grace MacDougall Pitfield, épouse de Ward Chipman Pitfield, homme d'affaires prospère, magnat de la finance montréalaise et grand collectionneur d'œuvres d'art. N'eût été du décès prématuré de M. Pitfield en 1939, à l'âge de 42 ans, la maison Pitfield serait probablement devenue une vaste et somptueuse demeure bourgeoise. Tout à côté de la maison, les deux jolies maisons vertes, dites flamandes (1920), furent achetées par Mme Pitfield afin d'y loger son jardinier et sa dame de compagnie. Le jardinier Gabriel Legault habite toujours une des maisons. Les employés du parc-nature le considèrent comme «la mémoire vivante» de ces lieux chargés d'histoire!

Au sud de la maison Pitfield, vers l'accueil des Champs, une superbe passerelle japonaise au tracé irrégulier donne accès à un milieu naturel fragile. Cette passerelle est située le long du sentier d'interprétation de la nature (1 km aller), où huit poteaux indicateurs et cinq panneaux d'interprétation permettent d'en apprendre davantage sur le milieu naturel de ce parc-nature (procurez-vous la brochure à l'accueil).

Le **secteur des Bois-Francs**, situé à l'ouest du parc, abrite un des rares bois en milieu urbain, illustrant si bien la succession des peuplements et leurs interrelations. Huit différents types d'érablières, dont une d'érables noirs (espèce rare), se partagent ce territoire.

Le parc-nature du Bois-de-Liesse est fréquenté par 131 espèces d'oiseaux, dont 103 qui y nichent. Si certaines espèces d'oiseaux sont fréquemment observées (mésange, cardinal, geai bleu, jaseur des cèdres, oriole du Nord, colibri, grand pic, canard branchu, grand duc, etc.), d'autres, dont le pic à dos rayé et le pic à dos noir, promettent des rencontres mémorables. Certains oiseaux de proie, comme le petit-duc maculé, l'épervier brun et l'autour des palombes, ont également été observés.

En ce qui a trait aux petits mammifères du parc, 21 espèces ont été répertoriées, dont le renard roux, le lièvre d'Amérique, le lapin à queue blanche, le raton laveur, la marmotte commune, le rat musqué, le castor, le porc-épic, etc.

Le parc-nature du Bois-de-l'Île-Bizard ★★★

Le parc-nature du Bois-de-l'Île-Bizard est situé au nord-ouest de l'île de Montréal, en face de la municipalité de Pierrefonds et tout juste à l'ouest de Laval. D'une superficie de 178 ha, ce parc-nature s'étend sur un site exceptionnel de l'île Bizard, où la flore et la faune sont d'une richesse incomparable. En quelques minutes, le paysage peut changer radicalement, passant de la plage et de l'immensité du lac des Deux Montagnes à des milieux humides et boisés tout à fait saisissants et spectaculaires.

L'île Bizard tire son nom de Jacques Bizard, d'origine suisse, qui la reçut en 1678. De religion calviniste, Jacques Bizard simula sa conversion au catholicisme afin d'obtenir un poste officiel. Major de Montréal, Jacques Bizard s'adonnait au trafic illégal de fourrures. Menant une vie quelque peu déréglée, il s'occupait très peu de son île et mourut alcoolique à 50 ans.

D'une superficie de 22,78 km², l'île Bizard était autrefois un lieu de culture maraîchère et de villégiature. Elle devint par la suite une banlieue cossue et recherchée par ceux et celles qui désiraient vivre à la campagne, à deux pas de la ville. D'ailleurs, le développement domiciliaire rapide de l'île Bizard a amené la Communauté urbaine de Montréal (CUM), en juillet 1990, à faire l'acquisition du vaste bois situé dans la partie nord-est de l'île. Les travaux d'aménagement du parc-nature débutèrent à l'été 1992, puis se terminèrent en décembre 1993.

■ Où, quand, comment?

Informations

Bureaux administratifs, 9432 boulevard Gouin Ouest, Pierrefonds, H8Y 1T4, ☎ (514) 280-8706, ⇄ 280-8705.

Accès

Parc-nature du Bois-de-l'Île-Bizard, 2115 chemin Bord-du-Lac, Île Bizard, ☎ (514) 280-8517. Transports publics : métro Côte-Vertu, autobus 215. Une fois sur l'île Bizard, descendre au coin des rues Chevremont et de l'Église. Marcher (environ 400 m) sur de l'Église vers le nord, jusqu'à l'entrée sud-ouest du parc. À noter que le chalet d'accueil Pointe-aux-Carrières est situé à 4 km de cette entrée. Voitures : autoroute 40 Ouest, sortie boulevard Saint-Jean. Prenez

Saint-Jean Nord jusqu'au boulevard Pierrefonds, tournez à gauche, rendez-vous jusqu'au boulevard Jacques-Bizard, tournez à droite et traversez le pont. Tournez à gauche sur le chemin Cherrier, jusqu'à la rue de l'Église, et tournez à droite, jusqu'au chemin Bord-du-Lac. À droite sur Bord-du-Lac, jusqu'à l'entrée du parc. Deux autres stationnements (rue de l'Église, rue Patenaude) sont également accessibles.

Frais :	aucuns.
Horaire :	tous les jours, du lever au coucher du soleil. Vérifiez les heures et les différentes périodes d'ouverture du chalet d'accueil.
Randonnée pédestre hivernale :	oui (3 km).
Autres activités :	plage et baignade, vélo (piste cyclable), canot, pédalo, kayak, chaloupe, pêche, activités animées, programmes d'interprétation de la nature, randonnées guidées, ateliers, cliniques, ski de fond, glissade.
Animaux domestiques :	interdits.
Services :	stationnements (payants), chalet d'accueil, toilettes, casse-croûte, aires de pique-nique, premiers soins, location (embarcations nautiques, vélos, skis), rampe de mise à l'eau, belvédères, carte des sentiers, dépliants, brochures, service de documentation, journées thématiques.

■ Le réseau

Le réseau compte 9,6 km de sentiers de randonnée pédestre, tous partagés avec les cyclistes. Le parc étant encore difficilement accessible (aucun transport public!) et loin du centre-ville de Montréal, il n'y a pas lieu de s'inquiéter, pour l'instant, du délicat problème «piétons-cyclistes» dans les mêmes sentiers.

Le parc-nature du Bois-de-l'Île-Bizard est divisé en deux zones (la Pointe-aux-Carrières et le bois) bien distinctes. La **Pointe-aux-Carrières** est située dans le nord du parc et donne accès au **lac des Deux Montagnes**. On y trouve le chalet d'accueil du parc, un vaste stationnement, une rampe de mise à l'eau, un quai, une plage de sable naturel avec une aire de repos en pierre naturelle, un amphithéâtre ainsi qu'un belvédère d'observation. La vue sur le lac des Deux Montagnes est grandiose. De l'autre côté de la rive, on distingue les municipalités de Deux-Montagnes et de Sainte-Marthe-sur-le-Lac, ainsi que les tours de communication situées près de Pointe-Calumet et quelques montagnes.

La Pointe-aux-Carrières tire son nom du fait que plusieurs carrières de pierres y furent exploitées au XIXe siècle. C'était également un lieu d'escale des bateaux (cages) transportant du bois sur le fleuve Saint-Laurent, avant de franchir les rapides Lalemant.

De l'autre côté du chemin Bord-du-Lac, le sentier pénètre dans un bois et mène à une superbe passerelle de 406 m, aménagée au-dessus d'un marécage. Tout autour, la forêt marécageuse, avec ses nombreux arbres morts (érables rouges, érables argentés) mais toujours debout, donne une impression de bout du monde. Avec un peu d'attention, le randonneur pourra observer de nombreux oiseaux d'habitats humides, comme les butors, les hérons, les râles, les gallinules, ainsi que plusieurs espèces de canards. Un peu plus loin, le sentier mène à l'observatoire «Le grand héron», où effectivement il est très fréquent d'observer de grands hérons. Plusieurs gros nichoirs à oiseaux sont installés sur les arbres morts.

Plus au sud encore, une petite halte permet d'observer les vestiges d'un bâtiment qui servit probablement à l'exploitation de l'érablière à hêtre, qui domine le secteur. Près du sentier, certains gros érables à sucre portent encore les cicatrices laissées par l'entaille de ces arbres, afin d'en récolter l'eau d'érable.

Vers l'est, le sentier mène aux observatoires «Le petit butor» et «Le bihoreau», où l'eau du marécage est recouverte d'une mousse verte, d'où on s'attendrait à voir surgir un alligator!

Tout au bout du parc, dans le secteur «Les rapides», le sentier débouche sur une superbe pointe qui avance dans les eaux de la rivière des Prairies. Une aire de pique-nique y est aménagée. Laval est juste en face (un traversier saisonnier y mène), et l'île Bigras se trouve au sud.

Le parc-nature du Cap-Saint-Jacques ★★★

Le parc-nature du Cap-Saint-Jacques est situé dans la partie nord-ouest de l'île de Montréal et est entouré des municipalités de Pierrefonds, de Senneville et de Sainte-Anne-de-Bellevue. D'une superficie de 288 ha, il est le plus vaste des parcs-nature et probablement celui qui a le plus à offrir aux randonneurs ainsi qu'aux amateurs d'activités de plein air.

L'eau est omniprésente dans le parc, celui-ci ayant la forme d'une immense presqu'île avançant dans le lac des Deux Montagnes et ceinturée de grèves naturelles. À l'est du parc, la rivière des Prairies débute son long cours. L'intérieur du parc comporte trois milieux terrestres (friches, champs et bois), où les divers sentiers permettent de se balader en toute tranquillité, loin du bruit, de la pollution et du rythme de vie effrénée du centre-ville de Montréal.

Avec sa superbe plage, sa ferme écologique, sa base de plein air, sa cabane à sucre, son vieux château, ses maisons historiques, ses points de vue sur le lac des Deux Montagnes et son vaste réseau de sentiers, le parc-nature du Cap-Saint-Jacques mérite d'être mieux connu des Montréalais et de tout amoureux et amoureuse de grands espaces naturels.

■ **Où, quand, comment?**

Informations

Bureaux administratifs, 190 chemin du Cap-Saint-Jacques, Pierrefonds, H9K 1C6, ☎ (514) 280-6721, ⇄ 280-6694.

Accès

Parc-nature du Cap-Saint-Jacques, 20099 boulevard Gouin Ouest, Pierrefonds, ☎ (514) 280-6871. Transports publics : métro Côte-Vertu, autobus 64 jusqu'au terminus de Cartierville, puis autobus 68 jusqu'au terminus situé à l'entrée du parc. Voitures : autoroute 40 Ouest, sortie chemin Sainte-Marie. Prenez à gauche, et continuez jusqu'au chemin de l'Anse-à-l'Orme. Prenez à droite, et poursuivez jusqu'au bout. À droite encore sur le chemin Senneville/boulevard Gouin, jusqu'à l'accueil du parc (après le premier stationnement).

Frais :	aucuns.
Horaire :	tous les jours, du lever au coucher du soleil. Vérifiez les heures et les différentes périodes d'ouverture du chalet d'accueil.
Randonnée pédestre hivernale :	oui (2,8 km, plus le chemin du Cap-Saint-Jacques et la voie de service).
Autres activités :	plage et baignade, vélo (piste cyclable), pêche, activités animées, programmes d'interprétation de la nature, ski de fond,

	raquette, balade en carriole, visite de la ferme écologique.
Animaux domestiques :	interdits.
Services :	stationnements (payants), chalet d'accueil, toilettes, casse-croûte, aires de pique-nique, premiers soins, location (skis), rampe de mise à l'eau, carte des sentiers, dépliants, brochures, service de navette du stationnement à la plage (payant), Vieux château, ferme écologique, cabane à sucre, base de plein air (groupes seulement), location de salles (maison Brunet).

■ Le réseau

Le réseau compte cinq sentiers de randonnée pédestre, pour un total de 27 km. Mis à part le sentier d'interprétation (1,2 km linéaire), les sentiers forment tous des boucles. Le sentier du Lièvre (9,2 km) fait presque le tour complet du parc et permet d'atteindre l'ensemble des points d'intérêts. En plus de ces sentiers, le chemin du Cap-Saint-Jacques et la voie de services offrent également des promenades ou de petits raccourcis.

Les sentiers de randonnée pédestre parcourent une forêt mature (érablière à caryer, érablière argentée et érablière à hêtre), des zones de transition (bouleaux et peupliers) ainsi que des étendues où pousse une grande diversité de plantes aquatiques et riveraines. Plus d'une centaine d'espèces ailées peuvent être observées dans le parc, dont des échassiers, des rapaces, des passereaux, de même que plusieurs autres types d'oiseaux aquatiques (grand héron, héron vert, grand chevalier, etc.). Canards branchus, grands-ducs et buses à queue rousse profitent également de ce vaste lieu naturel.

Partant du chalet d'accueil et montant en direction nord, le sentier longe la rivière des Prairies et mène à la maison Richer, ancienne demeure que l'on s'apprête à rénover. Plus loin, le sentier passe par une jolie clairière et débouche sur la **ferme écologique** *(☎ 280-6743)*, où il est possible de visiter gratuitement les animaux, les bâtiments, le jardin biologique ainsi que la serre. À la ferme écologique, la corporation D-Trois-Pierres offre à de jeunes adultes en difficulté un lieu et un encadrement propices à leur cheminement thérapeutique. Outre la visite de la ferme, il est possible de se procurer des produits de la ferme ainsi que des cadeaux-souvenirs fabriqués sur place. On peut également y casser la croûte, y «bruncher» le dimanche ou se sucrer le bec à la cabane à sucre (de février à avril).

Tout près de la ferme se dresse la magnifique maison Brunet. Cette vaste demeure ancestrale fut construite en 1835. La **maison Brunet** *(☎ 280-6784)* peut être louée pour des réunions, des conférences ou des réceptions.

À l'ouest du parc, près de la plage, le **Vieux château** abrite un centre d'interprétation de la nature. Dans la rotonde du Vieux château, différents spécimens vivants de la flore et de la faune du parc sont présentés. Près du Vieux château, la vue sur le lac des Deux Montagnes est des plus apaisantes. On se surprend à imaginer ce que devait être cette «vie de château» dans un si agréable décor! À côté du château, la **Maison de la pointe** renferme un casse-croûte.

La magnifique plage de sable fin (entrée libre), située dans la **baie de la Pointe-Madeleine**, vaut à elle seule la visite au parc-nature du Cap-Saint-Jacques. Une vraie plage comme il y en a peu dans la région de Montréal. La baignade y est permise, et la qualité de l'eau, sévèrement contrôlée. Des sauveteurs qualifiés assurent la surveillance des lieux. Une navette (payante) assure la liaison entre la plage et le chalet d'accueil.

Au sud de la baie de la Pointe-Madeleine, un petit abri (**Havre aux tortues**) permet d'observer des tortues sans les importuner. Tout à côté, une passerelle de bois offre une jolie vue sur la plage et la petite île.

L'Arboretum Morgan et l'Écomuséum ★★★

Sur la pointe ouest de l'île de Montréal, à Sainte-Anne-de-Bellevue, se trouvent une forêt enchantée ainsi qu'une grande variété d'animaux sauvages. Situés sur les terrains du campus Macdonald de l'Université McGill, l'Arboretum Morgan et l'Écomuséum sont relativement peu connus du public. Pourtant, à quelques minutes du centre-ville, il est possible de marcher dans un vaste réseau de sentiers tout en découvrant la richesse d'une flore et d'une faune des plus spectaculaires.

L'Arboretum Morgan a fêté, en 1995, ses 50 ans. Cédée en 1945 à l'université McGill par la famille Morgan, cette forêt de 245 ha est le plus grand arboretum (lieu planté d'arbres destiné à la culture expérimentale d'arbres d'essences diverses) du Canada.

Au gré de ses balades, le visiteur découvrira quelques essences parmi les 150 que compte l'Arboretum. Bouleaux, tilleuls, érables, pins, sapins baumiers, etc., ainsi qu'une sélection exceptionnelle d'arbres et d'arbustes à fleurs qui se volent la vedette le long des parcours. Selon le moment de l'année, le visiteur pourra observer quelques-unes des 180 espèces d'oiseaux qui fréquentent l'Arboretum, dont 80 qui y nichent.

Mais, une visite à l'Arboretum ne serait pas complète sans un arrêt à l'Écomuséum, situé tout à côté. Cet établissement, géré par la Société d'histoire naturelle de la vallée du Saint-Laurent et ouvert au public depuis 1988, permet de voir et d'apprécier la faune et la flore de la vallée du Saint-Laurent. La société a récupéré cet ancien site d'enfouissement (11,3 ha) qui a servi, entre autres, lors de la construction de l'autoroute transcanadienne, au début des années soixante, et lors de la reconstruction des campus Macdonald et John Abbot.

Parmi les animaux les plus impressionnants, on trouve plusieurs oiseaux de proie, dont l'aigle royal, avec ses immenses griffes et son regard d'acier qui défie toute personne. On peut également observer d'autres rapaces tels que pyragues à tête blanche, faucons, buses, crécerelle, chouettes et hiboux. Plus loin, une vaste volière permet d'observer des canards, des oies, des hérons ainsi que d'autres oiseaux.

Le parcours nous fait découvrir, tour à tour, des loups, des renards roux, des lynx, des coyotes, des ours noirs, des caribous, des cerfs de Virginie, des porcs-épics, des ratons laveurs ainsi que l'élégante loutre.

À l'intérieur du pavillon d'accueil, de nombreux petits poissons, tortues et grenouilles attirent l'attention. Des biologistes ou des guides sont sur place afin de répondre aux interrogations des petits et des grands.

■ **Où, quand, comment?**

L'Écomuséum

Informations

21125 chemin Sainte-Marie, Sainte-Anne-de-Bellevue, H9X 3L2, ☎ (514) 457-9449, ⇄ 457-0769.

Accès

Situé à quelques centaines de mètres à l'est de l'Arboretum (voir plus loin).

Frais :	adultes 4 $, aînés 3 $, enfants de 5 à 12 ans accompagnés 2 $. Carte de membre également disponible.
Horaire :	tous les jours de l'année, de 9 h à 17 h.
Autres activités :	programme éducatif, visites guidées (réservation), parrainage d'un animal, programme de guides bénévoles.
Animaux domestiques :	interdits.
Services :	stationnement, pavillon d'accueil, boutique de souvenirs, aire de pique-nique.

L'Arboretum Morgan

Informations

150 chemin des Pins, Sainte-Anne-de-Bellevue, H9X 3V9, ☎ (514) 398-7811 ou 398-7812.

Accès

Transports publics : l'autobus 210 mène à l'Arboretum et à l'Écomuséum, mais n'est en service que pendant les jours d'école, aux heures de pointe. Il est également possible de prendre l'autobus 211 (du métro Lionel-Groulx) jusqu'au campus Macdonald et de marcher jusqu'à l'Arboretum (une heure). Voitures : autoroute 40, sortie 41; suivre les indications pour le chemin Sainte-Marie. À l'arrêt en haut de la côte, prendre à gauche sur le chemin des Pins.

Frais :	adultes 4 $, enfants et aînés 2 $, familles 10 $. Carte de membre également disponible.
Horaire :	ouvert toute l'année. En hiver, certaines fins de semaine sont réservées aux membres.
Randonnée pédestre hivernale :	oui (6,3 km).
Autres activités :	visite de la Ferme expérimentale Macdonald (☎ 398-7701), visite du Musée d'entomologie et laboratoire de recherche Lyman (☎ 398-7915), atelier de photographie, randonnées guidées, soirées-séminaires, vente d'arbres de Noël, etc.
Animaux domestiques :	admis.

Services :	stationnement, chalet, toilettes, vente d'articles, carte des sentiers, dépliants, aires de pique-nique.

■ Le réseau

Le réseau de sentiers de randonnée pédestre de l'Arboretum Morgan, dont une partie sert de sentiers de ski de fond en hiver, fait 25 km. Parmi les sentiers, on retrouve le Sentier écologique (1 km), composé de 11 stations décrivant les relations entre les organismes vivants et leur habitat, ainsi que deux sentiers d'aménagement forestier (1 km et 2 km) qui nous renseignent sur les interventions en aménagement forestier et sur les différents écosystèmes liés à la forêt. Pour ces sentiers, on peut obtenir gratuitement des dépliants explicatifs au bureau d'accueil.

Les autres sentiers, tous en boucle, mènent au coquet chalet en bois rond surnommé «chalet Pruche» et à la cabane à sucre. Cette cabane à sucre, toujours en opération (fin mars, début avril) est considérée comme étant la plus vieille cabane à sucre de l'île de Montréal. À l'Arboretum Morgan, également appelé la «Forêt enchantée», il y a même un sentier de 2 km où il est permis de promener son chien, sans même le tenir en laisse!

Comme le disait si bien Frédéric Back lors de l'Arbo-Expo 1995 : «Un arboretum a bien des choses en commun avec une cathédrale. Il est l'œuvre de la foi, du temps et du talent de ceux qui le créent, l'embellissent et le préservent. Il sert à la réflexion, à la découverte, au réconfort de ceux et celles qui viennent s'y recueillir, s'y renouveler. On y communie à la beauté de la création, à une perfection qui nous dépasse. Chaque feuille est à la fois une œuvre d'art et un élément de la phénoménale chaîne de vie qui rejoint les racines dans les profondeurs du sol.»

Le canal de Sainte-Anne-de-Bellevue ★

Sainte-Anne-de-Bellevue est située à la pointe occidentale de l'île de Montréal, soit à 32 km de Pointe-aux-Trembles, située à l'extrémité est, et à environ 16 km du centre-ville de Montréal. Ville paisible, Sainte-Anne-de-Bellevue est également reconnue pour ses boutiques et ses nombreux restaurants, pour la plupart dktés d'agréables terrasses donnant sur l'eau, avec vue sur les maisons de l'île Perrot, située juste en face.

La ville doit son existence à l'écluse qui permet, de nos jours, aux embarcations de plaisance de passer du lac Saint-Louis au lac des Deux Montagnes. La première écluse y fut construite en 1816, dans le chenal de Vaudreuil, donnant ainsi accès à la rivière des Outaouais.

■ Où, quand, comment?

Informations

Canal de Sainte-Anne-de-Bellevue, 1899 boulevard Périgny, Chambly, J3L 4C3, ☎ (514) 447-4837, ⇄ 658-0681.

Accès

Les écluses sont situées au 170 rue Sainte-Anne. Transports publics : métro Lionel-Groulx et autobus 211. Voitures : autoroute 20 Ouest, sortie Sainte-Anne-de-Bellevue.

Frais :	aucuns.
Horaire :	en tout temps.
Randonnée pédestre hivernale :	oui.
Autres activités :	non.
Animaux domestiques :	admis, si en laisse.
Services :	stationnement, toilettes, aire de pique-nique, dépliants, panneaux d'interprétation historique.

■ Le réseau

Le réseau compte 2 km de sentiers de randonnée pédestre, incluant la promenade de Sainte-Anne-de-Bellevue. Le canal actuel fut inauguré en 1843 et était utilisé à des fins commerciales, notamment le transport du bois, jusqu'au début du siècle. L'écluse est bordée par une agréable promenade qui permet d'observer le fonctionnement des portes et le remplissage des bassins, dans lesquels se pressent les embarcations de plaisance.

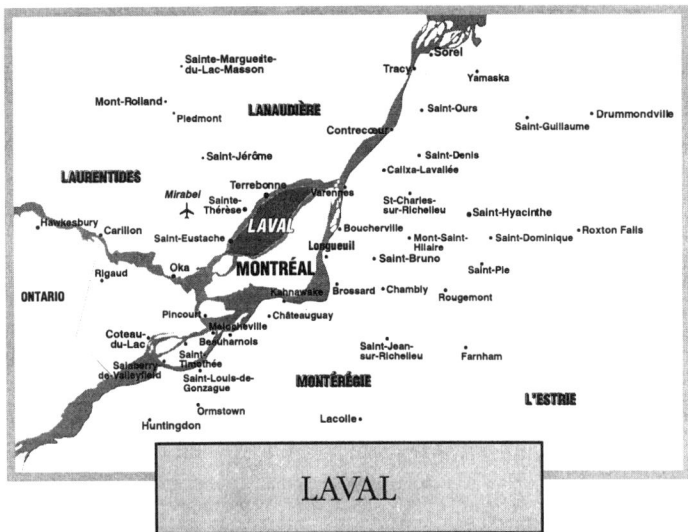

LAVAL

Deuxième ville en importance au Québec, la ville de Laval occupe une grande île au nord de Montréal, l'île Jésus, bordée par le lac des Deux Mkntagnes, la rivière des Prairies et la rivière des Mille Îles.

D'abord concédée aux jésuites en 1636, d'où son nom, l'île Jésus passe ensuite, en 1675, entre les mains de Mgr de Laval, évêque de Nouvelle-France, qui confiera bientôt la seigneuriè au Séminaire de Québec (1680). Le Séminaire a de grands projets pour l'île, mais peu d'entre eux virent le jour. Il fonde malgré tout quelques villages sur son pourtour.

Les riches terres arabes de l'île attirèrent très tôt les colons français qui, après avoir signé un traité de paix avec les Amérindiens, fondèrent, en 1706, Saint-François-de-Sales, premier village de l'île Jésus. Au fil des années, d'autres villages (Saint-Vincent, Sainte-Rose, Pont-Viau, etc.) apparurent le long de ses grèves.

En 1965, les 14 villages agricoles de l'île Jésus se fusionnent pour devenir la ville de Laval. Aujourd'hui, Laval compte plus de 300 000 âmes, et toujours pas de véritable centre-ville. Désormais grande banlieue résidentielle et industrielle, Laval (245 km²) a su néanmoins préserver certaines richesses de son patrimoine architectural, ainsi que de grands espaces servant à l'agriculture ou aux activités de plein air.

LAVAL	Classification	Transports publics	Animaux domestiques	Page
Le parc de la Rivière-de-Mille-Îles	★★	oui	oui	124
Le Centre de la nature de Laval	★★	oui	non	126
Le Bois Papineau		oui	oui	129
Le Bois Chomedey		oui	oui	131

Laval

1. Le parc de la Rivière-des-Mille-Îles
2. Le Centre de la nature de Laval
3. Le Bois Papineau
4. Le Bois Chomedey

Bien que Laval soit une ville de grands espaces, nous n'avons découvert que quatre sites, pour un total de 16 km de sentiers, où la randonnée pédestre est à l'honneur.

Le parc de la Rivière-des-Mille-Îles ★★

La rivière des Mille Îles, après avoir été longtemps boudée, est enfin redevenue une rivière où toute la famille prend plaisir à vivre une journée au grand air.

Bien sûr, on ne peut pas encore se baigner dans la rivière, comme au temps des plages de Sainte-Rose, mais on peut aujourd'hui la parcourir en tous sens et s'amuser follement tout en découvrant des habitats, une faune et une flore des plus riches.

La rivière des Mille Îles coule de Saint-Eustache à Lachenaie, sur près de 40 km. Sa largeur varie entre 300 m et 1,3 km. On y trouve près d'une centaine d'îles. La rivière est peu profonde. Le niveau d'eau atteint, au plus, 2 ou 3 m dans les secteurs d'eau calme et moins de 1 m dans les rapides. En certains endroits, il est même possible de traverser la rivière à pied. Avec toutes ces îles et cette eau calme, les gens n'ont aucune crainte de s'y aventurer, ce qui en fait un terrain de jeu exceptionnel. Comme les naturalistes du parc le disent si bien, «la rivière des Mille Îles est juste assez grande pour se perdre, mais pas assez grande pour ne pas se retrouver»!

Avec ses 50 espèces de poissons, 28 espèces de reptiles et d'amphibiens, 200 espèces d'oiseaux et 46 espèces de mammifères, la grande région de la rivière des Mille Îles, avec en plus ses nombreux marais et marécages, offre beaucoup aux passionnés de la nature.

■ Où, quand, comment?

Informations

Parc de la Rivière-des-Mille-Îles, 345 boulevard Sainte-Rose, Laval, H7L 1M7, ☎ (514) 622-1020, ⇄ 622-8050.

Accès

Le parc est situé entre l'autoroute 15 et la route 117. Transports publics : métro Henri-Bourassa, autobus 72 de la Société de Transport de Laval (STL). Voitures : autoroute 15, sortie 16. Boulevard Sainte-Rose Est, juste avant le boulevard Curé-Labelle.

Frais :	aucuns.
Horaire :	ouvert toute l'année, entre 9 h et 22 h (au printemps et en automne, il y a certaines périodes sans activités. Vérifier auprès du parc).
Randonnée pédestre hivernale :	oui (15 km).
Autres activités :	randonnées guidées, canot, kayak, pédalo, rabaska, volley-ball, pétanque, ski de fond, glissade, patinage, luge scandinave.
Animaux domestiques :	admis, si en laisse.
Services :	stationnement, centre d'interprétation, casse-croûte, toilettes, aires de pique-nique, aire de jeux, cartes et dépliants, location d'embarcations (canot, kayak, pédalo, rabaska), rampe de mise à l'eau, programmes scolaires. En hiver, il y a un autre accès, derrière l'église de Sainte-Rose (rue Hotte).

■ Le réseau

La rivière des Mille Îles est divisée en quatre secteurs : les lacs, l'archipel de Sainte-Rose, les rapides et le corridor navigable. Du point de vue des découvertes et de l'accessibilité, les deux premiers secteurs sont nettement avantagés.

Le secteur des lacs, qui s'étend des **rapides du Grand-Moulin** (Saint-Eustache) à l'**île de Mai**, est navigable et présente des grèves ensablées. C'est dans ce secteur que l'on prévoit offrir, dans quelques années, la baignade ainsi que d'autres activités nautiques.

Le deuxième secteur, celui de l'**archipel de Sainte-Rose**, est le secteur le plus intéressant et le mieux préservé. On y trouve une trentaine d'îles ainsi que le merveilleux parc de la Rivière-des-Mille-Îles. Celui-ci a vu le jour en 1987, grâce au travail des membres de la Corporation Éco-Nature de Laval. Sa vocation consiste à favoriser l'éveil aux valeurs de l'environnement ainsi que les loisirs de plein air.

Les naturalistes du parc ont imaginé trois superbes parcours aquatiques auto guidés et un parcours historique emballant (demander les brochures à l'accueil). De plus, le parc a presque doublé sa superficie, grâce à l'ajout du **parc Charbonneau**, à Rosemère (rive nord), où trois autres parcours aquatiques sont proposés (on y loue aussi des embarcations).

Depuis 1992, le parc de la Rivière-des-Mille-Îles organise la «Descente de la rivière des Mille Îles». Ce grand rendez-vous annuel permet à plus de 1 200 personnes de relier Saint-Eustache à Rosemère, un parcours de 25 km en eau calme. Plus d'une trentaine de rabaskas (canot pouvant contenir 11 personnes) et plus de 200 canots défilent, pendant cinq ou six heures, sur la rivière. En 1995, le plus long canot du monde était même au rendez-vous. En effet, les gens des ateliers Les Cèdres ont construit un canot de 14 m de long et de 3,2 m de large (au centre)! Ce véritable «*Winnebago* flottant» pèse 341 kg et peut contenir 44 personnes!

Le pourtours des îles du parc se parcourent surtout en canot ou en kayak, mais également à pied (cependant, il faut une embarcation pour se rendre sur les îles). Près de 7 km de sentiers de randonnée pédestre autoguidée permettent de se familiariser avec la faune et la flore typique des marécages et des marais. À noter que le parc offre également des randonnées guidées portant sur le patrimoine naturel et l'histoire de l'environnement insulaire.

Parmi les parcours, ceux de la Tortue et du Héron (en canot ou en kayak) permettent de se rendre à l'**île des Juifs**, où un sentier pédestre de 2 km en fait le tour. Sur l'**île aux Fraises**, située juste à côté, on retrouve également un sentier pédestre (1 km). Tout au long de ce parcours du Héron, 10 points d'observation numérotés permettent d'en apprendre davantage sur la vie de ce chapelet d'îles. En ouvrant grand les yeux, le visiteur aura peut-être la chance d'apercevoir un rat musqué, un castor ou même un vison d'Amérique!

En hiver, le parc offre 15 km de sentiers pour la marche. Ces sentiers sont dit partagés (marche, luge et pas de patin) et se trouvent sur la rivière des Mille Îles.

Le Centre de la nature de Laval ★★

Le Centre de la nature de Laval est situé tout près de Montréal (pont Pie-IX). Facilement accessible, ce parc de récréation et de détente est aménagé sur le site d'une ancienne carrière! Arbres, champs, jardins, lac et ruisseau ont redonné vie à cette terre ravagée, en composant, depuis une vingtaine d'années, un îlot naturel fort joli.

La petite histoire du Centre de la nature remonte au début du siècle. Jusqu'en 1918, les fermes de MM. Deguire et Corbeil occupaient le site. En 1918, Benoit Bastien acheta les deux terres, afin d'y entreprendre l'exploitation d'une carrière produisant de la pierre à ciment. Au bout de quelques années, on arrêta les opérations, et le site resta ainsi jusqu'au début des années soixante. Deux petits lacs, alimentés par des sources, se formèrent tranquillement.

En 1960, les frères maristes achetèrent le terrain et firent construire le juvénat Saint-Joseph, aujourd'hui devenu la polyvalente Vanier. Puis, le terrain est vendu à la Ville de Saint-Vincent-de-Paul, qui le divise entre un complexe sportif et un site d'enfouissement des déchets domestiques!

À la suite de la fusion de 14 municipalités (1965), un projet est soumis au comité exécutif, afin de créer le Centre de la nature de Ville de Laval (1968). En 1970, le centre accueille ses premiers visiteurs. Au fil des ans, plusieurs aménagements (lacs, étangs, jardins, etc.) ont été faits, de même que la construction de divers bâtiments (étable, serre, etc.), afin de rendre le site de plus en plus magnifique.

Désormais reconnu comme un exemple exceptionnel de nouvelle affectation d'une carrière, le Centre de la nature de Laval accueille annuellement plus d'un million de visiteurs!

■ Où, quand, comment?

Informations

Centre de la nature de Laval, 901 avenue du Parc, Laval, H7E 2T7, ☎ (514) 662-4942, ⇄ 662-5279.

Accès

Situé entre l'autoroute 25, le boulevard de la Concorde et le boulevard Saint-Martin. Transports publics : autobus 54 (à certaines heures), 28, 42 ou 48 de la STL (arrêt à l'angle de Concorde). Voitures : pont Pie-IX (autoroute 25), sortie boulevard de la Concorde Ouest. Prendre de la Concorde jusqu'à l'avenue du Parc, à droite.

Frais :	aucuns.
Horaire :	le site est accessible entre 7 h et 22 h, tous les jours de l'année. Les locaux sont ouverts entre 9 h et 21 h. La ferme et la serre sont accessibles entre 9 h et 17 h.
Randonnée pédestre hivernale :	oui (3 km).
Autres activités :	aires de jeux pour les tout-petits, sentier d'hébertisme, escalade, pétanque, palet américain, fers, volley-ball, activités nautiques (kayak, canot, tri-canot), activités de sciences naturelles, ateliers (musique, peinture, etc.), spectacles, balades en charette à chevaux, ski de fond, patinage, glissade.
Animaux domestiques :	interdits.
Services :	stationnements, chalet, restaurant, aires de pique-nique, toilettes, location d'embarcations (kayak, canot, tri-canot), premiers soins.

■ Le réseau

Le réseau de sentiers fait environ 3 km. Il s'agit plutôt d'une multitude de petits sentiers que l'on parcourt au gré des découvertes. Comme il y a plusieurs attraits majeurs et bien structurés, les découvertes sont nombreuses.

Le site a été complètement reboisé. On y retrouve une multitude d'arbustes, d'arbres, de champs et de jardins. Un fort joli petit lac, des étangs et un ruisseau procurent un sentiment de fraîcheur lors de chaudes journées d'été.

De nombreux jardins aménagés invitent à la détente, tout en faisant découvrir une flore exceptionnelle. Le jardin de la détente, avec ses 25 plates-bandes de fleurs annuelles, ses bancs et ses aires de pique-nique, porte bien son nom. Le jardin des fleurs annuelles, quant à lui, compte 35 plates-bandes et plus de 40 000 plants. Le jardin des arbustes ornementaux, aménagé en 1986, permet d'observer 750 spécimens de 100 espèces d'arbres et d'arbustes. Le jardin des plantes vivaces, regroupant 70 variétés et plus de 5 000 plants, est sans aucun doute le plus séduisant de tous. Rocaille, passerelle de bois, étang, canards et cygnes font de ce jardin une halte obligatoire. Le jardin Laurent Brisson regroupe plus de 10 000 plantes indigènes du Québec (130 variétés), cueillies par des membres de la Société d'horticulture et d'écologie de Laval, dans des lieux voués à la construction.

Le centre, qui compte désormais plus de 2 500 arbres, n'utilise plus de produits chimiques, les produits biologiques, le fumier et le compost ayant pris la relève. D'ailleurs, un site de démonstration de compostage, situé près de la serre, permet au visiteur d'en apprendre davantage sur le compostage des déchets domestiques.

La serre de plantes tropicales permet de s'initier au merveilleux monde des végétaux. On y retrouve un bassin d'eau, avec des poissons, ainsi que des bancs et un petit pont. Entourés de bananiers, de figuiers, de palmiers et d'autres plantes tropicales, les petits oiseaux semblent au paradis.

Tout près de la serre se trouve la ferme. On peut y admirer cheval, vache, chèvre, cochon, canard, caille, perdrix, pintade, paon, buse à queue rousse, etc., en toute saison. En liberté sur le territoire du centre, des marmottes, des rats musqués, des perdrix grises, des lièvres, etc. peuvent être aperçus.

Pour les randonneurs avides de géologie, 12 arrêts expliquant des étapes de l'histoire géologique du Canada sont proposés. Afin de rendre cette promenade géologique des plus fructifiantes, le randonneur aura pris soin de se procurer le petit dépliant d'accompagnement (gratuit).

Le Bois Papineau

Petit bois sympathique où il fait bon se balader au rythme des saisons, le Bois Papineau est un espace naturel qui est réservé à la conservation ainsi qu'à des activités d'éducation, de sensibilisation à la nature et de plein air. C'est également un lieu de refuge où un grand nombre de plantes survivent, à l'abri des villes et des développements domiciliaires.

Situé à quelques pas du Centre de la nature (une vingtaine de minutes à pied), sur le boulevard Saint-Martin, le Bois Papineau est ce «poumon naturel» coincé entre les autoroute 440, 19 et 25. Il est donc presque impossible de s'y égarer, le bruit des voitures nous rappelant sans cesse que nous sommes tout de même au cœur de la deuxième plus grande ville du Québec.

■ **Où, quand, comment?**

Informations

Ville de Laval, BML 1, 4010 boulevard Saint-Martin Est,
☎ (514) 662-4901.

Accès

L'entrée principale du Bois Papineau est située derrière le Pavillon du
Bois Papineau (abritant plusieurs organismes), au 3235 boulevard
Saint-Martin Est, juste à côté du poste de police. Transports publics :
autobus 50 de la Société de transport de Laval (STL). Voitures :
autoroute 19, (pont Papineau) sortie Saint-Martin Est, ou autoroute 25,
sortie Saint-Martin Ouest. Via l'autoroute 440, il faut emprunter la
route 19.

Frais :	aucuns.
Horaire :	tous les jours, du lever au coucher du soleil.
Randonnée pédestre hivernale :	non.
Autres activités :	ski de fond.
Animaux domestiques :	admis.
Services :	stationnement, toilettes, eau, tables à pique-nique.

■ **Le réseau**

Le réseau de sentiers (environ 3 km) est quelque peu anarchique. On
y retrouve plein de petits sentiers qui s'entrecoupent. Il y aurait tout
intérêt à ce qu'une bonne signalisation soit mis en place, afin d'éviter
que les randonneurs n'osent s'y aventurer. Mais, comme le bois est
entouré de routes, et même d'une voie ferrée, le randonneur n'a rien
à craindre au niveau des parcours. Il n'a qu'à suivre son instinct, ou à
écouter attentivement le bruit des voitures, et à se promener à sa
guise. Le Bois Papineau pourrait d'ailleurs être un lieu idéal où
apprendre à manier la boussole. La forêt n'est pas trop dense, et le sol
se révèle peu accidenté.

De superbes érables, aux riches coloris l'automne venu, ainsi qu'une
multitude de plantes composent le paysage. Le randonneur pourra
même constater que certains «sculpteurs en herbes» ont pris soin de
graver de précieuses lettres sur le tronc de plusieurs arbres! Ces petits

mots, apparemment inoffensifs, peuvent entraîner de sérieuses blessures aux arbres, qui leur sont parfois fatales.

Au hasard de la promenade, le randonneur traversera un superbe champ de quenouilles. Les petits ruisseaux Pariseau et Pinière sillonnent le bois.

Le Bois Chomedey

Le Bois Chomedey, situé dans le quartier Chomedey, près de l'autoroute des Laurentides (15), couvre une superficie de 23 ha. Peu connu de la population en général, et même de plusieurs résidants habitant tout près, le Bois Chomedey est considéré comme un îlot de verdure, situé au cœur même de la ville de Laval, qu'il faut à tout prix protéger.

Le Bois Chomedey abrite une vingtaine d'essences (érable à sucre, frêne de Pennsylvanie, bouleau gris, chêne rouge, ostryer de Virginie, caryer cordiforme, peuplier, noyer cendré, hêtre, tilleul d'Amérique, cerisier de Pennsylvanie, etc.), en plus d'une colonie très rare d'érables noirs. Le peuplement d'érables noirs est situé au sud-ouest du bois. Fait assez rare au Québec, les érables noirs se retrouvent ici en grand nombre. On les reconnaît par leur écorce foncée, qui devient presque noire en vieillissant. L'âge moyen des érables noirs du Bois Chomedey est de 90 ans.

■ Où, quand, comment?

Informations

Ville de Laval, BML 3, 435 boulevard Labelle, ☎ (514) 978-8903.

Accès

Le Bois Chomedey est situé à l'ouest de l'autoroute des Laurentides, et entre les boulevards Chomedey et du Souvenir, et la 5e Rue. L'entrée principale est située à l'angle du boulevard Daniel-Johnson et de la 8e Rue. Transports publics : autobus 24 de la STL, arrêt à l'angle de Cartier Ouest et de Daniel-Johnson. Voitures : autoroute des Laurentides, sortie boulevard Cartier Ouest, jusqu'à Daniel-Johnson. À droite sur Daniel-Johnson; le bois est tout au fond.

Frais :	aucuns.
Horaire :	du lever au coucher du soleil.
Randonnée pédestre hivernale :	oui.
Autres activités :	ski de fond.
Animaux domestiques :	admis.
Services :	dépliant, tables à pique-nique, bancs.

■ Le réseau

Le Bois Chomedey est divisé en quatre zones (hautes technologies, publiques, résidentielles et d'aménagement différé). Le Parc scientifique et de haute technologie occupe la partie est du bois. Une nouvelle section de la rue Armand-Frappier est en construction, séparant ainsi le bois jusqu'au boulevard du Souvenir.

Plusieurs sentiers, recouverts de pierres concassées ou de terre, parcourent le Bois Chomedey. Le nombre de kilomètres n'est pas encore défini, mais il est possible d'y marcher pendant au moins une bonne heure. La signalisation semble y faire défaut pour l'instant. Par contre, il est facile de s'y retrouver, le bois étant entouré de rues.

LA RIVE-NORD

La Rive-Nord s'étend de la région de Lanaudière, vers l'est, où nous avons retenu deux sites, à la région des Laurentides, vers l'ouest.

Le sud de la région des Laurentides, nommé les Basses-Laurentides, fut très tôt habité par des colons français venus en cultiver les riches terres arables. D'ailleurs, plusieurs localités des Basses-Laurentides rappellent toujours l'histoire du pays par leur patrimoine architectural ou simplement par l'évocation d'événements s'y étant déroulés.

Les différents sentiers de randonnée pédestre que l'on retrouve sur la Rive-Nord, feront découvrir des municipalités comme Le Gardeur, Terrebonne, Lorraine, Boisbriand, Deux-Montagnes, Oka, Mirabel et Saint-Jérôme.

Dans cette section représentant la Rive-Nord de Montréal et de Laval, nous proposons 10 sites, soit plus de 100 km de sentiers de randonnée pédestre à parcourir. Le Parc linéaire du P'tit train du Nord, avec son sentier de 200 km, n'est pas ici comptabilisé, car la plus grande partie du sentier se trouve dans la région des Hautes-Laurentides.

RIVE-NORD	Classification	Transports publics	Animaux domestiques	Page
Les Sentiers de la Presqu'île	★	oui	oui	136
L'Île-des-Moulins	★★	oui	non	137
Le Centre d'interprétation de la nature de Lorraine	★	oui	non	140
Le Centre d'interprétation de la nature de Boisbriand	★★	oui	non	141
Le circuit Accès-Nature du CLÉ	★	oui	oui	143
Le parc d'Oka	★★★	oui	non	145
Le parc du Domaine Vert	★	oui	non	148
Le Centre du Bois-de-Belle-Rivière		non	non	151
Le Parc régional de la Rivière-du-Nord	★★	oui	non	152
Le Parc linéaire de P'tit train du Nord		non	non	154

La Rive-Nord

Légende:

1. Les Sentiers de la Presqu'île
2. L'Île-des-Moulins
3. Le Centre d'interprétation de la nature de Lorraine
4. Le centre d'interprétation de la nature de Boisbriand
5. Le circuit Accès-Nature du CLÉ
6. Le parc d'Oka
7. Le parc du Domaine Vert
8. Le Centre du Bois-de-Belle-Rivière
9. Le Parc régional de la Rivière-du-Nord
10. Le Parc linéaire du P'tit train du Nord

MONTRÉAL

LAVAL

Deux-Montagnes
Sainte-Marthe-sur-le-Lac
Saint-Joseph-du-Lac
Pointe-Calumet
Oka-la-Montagne
Kanesatake
Oka
Lac des Deux-Montagnes
Saint-Raphaël-de-l'Île-Bizard
Île Bizard
La Fresnière

Le Gardeur
Repentigny
Varennes
Île Sainte-Thérèse
Fleuve Saint-Laurent
BOUCHERVILLE
SAINTE-JULIE
Pont-Tunnel L.H. Lafontaine
Lachenale
Domaine-Guilbeault
Mascouche
Lac-Samson
Rapide-Mascouche
Terrebonne
Bois-des-Filion
Rosemère
LAVAL
Rivière des Prairies
Laurentides
Lac-André
La Plaine
Domaine-de-Provence
Lorraine
Sainte-Anne-des-Plaines
Lepage
Saint-Louis-de-Terrebonne
Blainville
Saint-Janvier
Sainte-Thérèse
Boisbriand
Autoroute des Laurentides
Lafontaine
Lac-Écho
Saint-Jérôme
Saint-Antoine
MIRABEL
Sainte-Monique
Saint-Augustin
Saint-Eustache
Piedmont
Mont-Rolland
Lesage
Prévost
Sainte-Anne-des-Lacs
Bellefeuille
Sainte-Scholastique
Saint-Colomban
La Belle-Rivière
La Grande Fronière
Saint-Benoît

N

© Éditions Ulysse

Les Sentiers de la Presqu'île ★★

Les Sentiers de la Presqu'île sont situés à Le Gardeur, soit à quelques minutes de Montréal. Ce centre très familial est fréquenté par les amants de la nature des villes avoisinantes, comme Mascouche, Lachenaie et Repentigny, mais également par bon nombre de marcheurs et skieurs de Laval et de Montréal. C'est qu'au fil des ans Jean-Marie Desrosiers et sa sœur Jacqueline, les copropriétaires du site, ont su s'adapter aux besoins de la clientèle. Entre autres, depuis 1991, ils permettent aux chiens de fréquenter les lieux. Ainsi, comme il y a très peu d'endroits où il est permis d'amener son fidèle compagnon avec soi, les Sentiers de la Presqu'île sont vite devenus un site recherché. Ici, non seulement les chiens sont les bienvenus, ils sont même invités à participer à certains rallyes où leur sens de l'odorat est mis à l'épreuve.

Les Sentiers de la Presqu'île se veulent un centre très sociable où les gens peuvent venir relaxer et décompresser après une journée ou une semaine de travail. À noter que l'on retrouve beaucoup de personnes seules qui fréquentent l'endroit, et ce, à tout moment de l'année.

■ Où, quand, comment?

Informations

Sentiers de la Presqu'île, 2001 rue Jean-Pierre, Le Gardeur, J5Z 3C4, ☎ (514) 585-8015, 585-0121 ou 581-6877.

Accès

Transports publics : métro Radisson, prendre l'autobus Lanaubus (☎ 255-5664) jusqu'à Repentigny. À Repentigny, prendre un taxi jusqu'aux Sentiers de la Presqu'île (5 km). Voitures : autoroute 40, sortie 97. Suivre les indications sur les panneaux bleus. Le centre est à 5 km de la sortie. Il est également possible d'emprunter l'autoroute 640 (sortie Charlemagne).

Frais :	3 $ adultes, 2 $ de 4 à 16 ans. Carte individuelle (75 $) et familiale (120 $). Autres frais pour certaines activités (ski de fond, vélo de montagne).
Horaire :	tous les jours, de 8 h au coucher du soleil.

Randonnée pédestre hivernale :	oui (4 km).
Autres activités :	vélo de montagne (9,5 km), vélo de ville (7 km), ski de fond (40 km), plusieurs activités de groupe (méchoui, épluchettes, etc.).
Animaux domestiques :	admis et même bienvenus en toute saison.
Services :	stationnement, restaurant, salle de séjour, toilettes, carte des sentiers, tables à pique-nique.

▨ Le réseau

Le réseau compte quatre sentiers de randonnée pédestre, pour un total de 15 km. En hiver, la marche se pratique sur un seul sentier de 4 km. L'été n'est pas la meilleure saison pour marcher dans les sentiers de la Presqu'île, en raison du très grand nombre de moustiques que l'on y retrouve, à cause des marécages. C'est pour cette raison que le vélo de montagne s'y développe de plus en plus.

Le long des sentiers, le randonneur parcourra une superbe érablière et pourra s'arrêter près d'un des deux étangs aménagés pour relaxer et casser la croûte. On dénombre pas moins de 35 espèces d'arbres, beaucoup d'arbustes, ainsi qu'un grand nombre de fleurs de sous-bois.

En ce qui concerne les activités, le centre a aménagé un sentier des sciences de la nature, où professeurs et étudiants mettent leurs connaissances à jour (réservation). Un cahier pédagogique est offert à l'accueil. L'hiver venu, les Sentiers de la Presqu'île organisent des randonnées pédestres au clair de lune (décembre à mars).

▨ L'Île-des-Moulins ★★

L'Île-des-Moulins est un site de verdure enchanteur situé au milieu de la rivière des Mille Îles, à Terrebonne. Classé «site historique» en 1973, l'endroit est géré par la Société de développement culturel de Terrebonne (SODECT). Le site historique de l'Île-des-Moulins est considéré comme une des plus belles réussites québécoises en matière de conservation et de mise en valeur du patrimoine.

Le passé historique de l'île remonte au début du XVIIIe siècle, alors que le curé Louis Lepage y construit les premiers moulins (1721). Mais c'est au début du XIXe siècle que l'île devient un important complexe préindustriel, sous la gouverne de seigneurs bâtisseurs et entrepreneurs. On y construit tour à tour une boulangerie (1803), un moulin à scie (1804), un moulin à farine (1846), un moulin neuf (1850) et le bureau seigneurial (1850). Ces cinq bâtiments historiques, situés à l'entrée de l'île, ont été restaurés et se dressent fièrement dans le paysage enchanteur de la pointe de l'île.

Le site historique de l'Île-des-Moulins est divisé en deux parties bien distinctes. D'un côté, on retrouve une zone réservée à l'interprétation historique (visites commentées, animation, expositions thématiques, circuit historique, conférences, galerie d'art, etc.), alors que, de l'autre, le site permet une multitude d'activités récréatives en toute saison (camps de jour, interprétation de la nature, patinage, carnaval d'hiver, etc.).

■ Où, quand, comment?

Informations

Société de développement culturel de Terrebonne (SODECT), Île-des-Moulins, Terrebonne, ☎ (514) 471-0619.

Accès

Transports publics : terminus Henri-Bourassa, autobus 25 A jusqu'à Terrebonne, puis autobus local 8 (CITM, ☎ 477-1110) jusqu'au parc (ou marche d'environ 15 min). Voitures : autoroute 25 Nord, sortie 22 Est (boulevard des Seigneurs). Suivez les panneaux «Site historique Île-des-Moulins», boulevard des Seigneurs, rue Saint-Louis et boulevard des Braves.

Frais :	aucuns.
Horaire :	tous les jours, de 7 h à 23 h. Selon les saisons, la liste et l'horaire des activités varient. En été, des visites commentées avec animation historique sont offertes.
Randonnée pédestre hivernale :	oui (1 km).
Autres activités :	interprétation de la nature, circuit «art et nature», patinage sur l'étang des Moulins, carnaval d'hiver, activités d'interprétation historique ou culturelles.
Animaux domestiques :	interdits.

Services :   stationnements, pavillon d'accueil et
                                    d'informations, centre d'interprétation,
                                    Bibliothèque municipale, galerie d'art, salles
                                    d'exposition et de spectacle, agora,
                                    toilettes, restaurant, carte et brochures,
                                    aires de pique-nique, accès adaptés aux
                                    personnes en fauteuil roulant.

■ Le réseau

Le réseau de sentiers de randonnée pédestre est tout petit et fait
environ 1 km. Mais, pour le randonneur qui apprécie l'histoire, l'art et
la douceur d'une île, ce coin de repos situé tout près de la ville est tout
désigné.

À l'entrée de l'île, sur le petit pont qui mène au boulevard des Braves,
les superbes moulins à farine (1846) et à scie (1804) constituent
désormais la Bibliothèque municipale. À gauche, le bureau seigneurial
(1850) abrite le Centre d'interprétation ainsi que les bureaux
administratifs. Un peu plus loin, le bâtiment de l'ancienne boulangerie
(1803) renferme le restaurant Au Bourgère, où l'on retrouve une
terrasse offrant une vue sur la rivière des Mille Îles ainsi qu'une galerie
d'art. Une tour vitrée sépare la boulangerie du Moulin neuf (1850),
dernier bâtiment de l'île, où sont aménagées des salles d'exposition et
de spectacle.

Après les bâtiments historiques, le sentier mène à la passerelle qui relie
l'île à l'île Saint-Jean. Tout au long des sentiers de l'Île-des-Moulins, de
superbes arbres (chêne rouges, tilleuls, bouleaux, saules, pins, etc.)
sont identifiés. On peut également admirer les 10 sculptures du Jardin
de sculptures de l'île, où l'art et la nature sont célébrés. Sept de ces
sculptures monumentales proviennent du Symposium de sculpture de
Terrebonne, tenu en 1978 sous l'initiative de Germain Bergeron, artiste
reconnu.

Au bout de l'île, près de l'agora, le visiteur peut admirer quelques
superbes demeures, situées de l'autre côté de l'étang des Moulins, à
l'ouest du **parc Masson**. Au parc Masson, un monument est érigé en
l'honneur des héros de la Première Guerre mondiale (1914-1918) et
des citoyens de Terrebonne morts au champ d'honneur lors de la
Deuxième Guerre mondiale (1939-1945). L'hiver venu, l'étang des
Moulins devient une vaste surface glacée, au grand plaisir des
nombreux patineurs.

Le Centre d'interprétation de la nature de Lorraine ★

La ville de Lorraine, située tout près de l'autoroute 640, à la limite est des Laurentides, fut fondée en 1960. Cette jeune ville de quelque 9 000 habitants est composée de somptueuses résidences. Les rues sont dégagées, du fait que la ville interdit les fils électriques suspendus. Ils sont tout simplement sous terre! Ainsi, la câblodistribution n'est toujours pas accessible à Lorraine. Ce qui laisse sûrement plus de temps aux résidants pour pratiquer des activités de plein air.

La ville de Lorraine possède un magnifique centre d'interprétation de la nature, où l'on retrouve plus d'une dizaine de kilomètres de sentiers de randonnée pédestre et où le randonneur est amené à découvrir la richesse et la diversité de ce vaste bois.

■ **Où, quand, comment?**

Informations

Centre d'interprétation de la nature de Lorraine, ☎ (514) 621-8550.

Accès

Le départ des sentiers est situé au Centre culturel (10 Place Dabo), ce beau bâtiment que l'on aperçoit du côté nord de la 640. Transports publics : terminus Henri-Bourassa (Limocar, ☎ 514-435-8899), autobus 9 et correspondance avec l'autobus 2. Voitures : autoroute 640, sortie ville de Lorraine. Prendre le boulevard de Gaulle, puis le boulevard Montbéliard.

Frais :	aucuns.
Horaire :	du lever au coucher du soleil.
Randonnée pédestre hivernale :	non.
Autres activités :	ski de fond.
Animaux domestiques :	interdits.
Services :	stationnement (gratuit), bancs, tables à pique-nique.

■ Le réseau

Le Centre d'interprétation de la nature compte trois sentiers (L'éclair, La forêt noire et La mille-feuilles) totalisant 11 km. Chaque sentier forme une boucle, permettant ainsi de faire une courte ou une plus longue promenade. Les sentiers sont situés en forêt et sont tous faciles. Au départ, ils longent l'autoroute 640, puis s'enfoncent dans la forêt jusqu'aux lignes de haute tension. Au départ de la randonnée, le sentier longe de somptueuses maisons, où certaines cabanes à oiseaux comptent jusqu'à neuf étages!

Les sentiers sont très bien aménagés. Des escaliers et des petits ponts de bois rendent la balade très agréable. Des bancs et des tables à pique-nique permettent un petit repos.

Le bois est traversé par la paisible petite rivière aux Chiens. Jadis surnommée la petite rivière Sainte-Thérèse, la rivière aux Chiens coule sur près de 20 km et va se jeter dans la rivière des Mille Îles.

Un projet d'aménagement de stations d'auto-interprétation est à l'étude, au terme duquel, le long des sentiers, 21 stations seront identifiées. Une brochure sera éventuellement disponible.

Le bois de Lorraine est riche et très diversifié, du fait qu'il abrite une grande variété d'arbres caractéristiques de la plaine du Saint-Laurent, mais également d'essences propres à la région des Laurentides. On y retrouve des chênes à gros fruits, des frênes américains, des hêtres à grandes feuilles, des bouleaux (blancs, jaunes), des érables (rouges, à sucre, de Pennsylvanie), des peupliers à grandes dents, des ifs du Canada, des pruches du Canada, des pins blancs, des ormes et des tilleuls d'Amérique. Différents arbustes, mousses et fougères sont également identifiés à certaines stations.

Le Centre d'interprétation de la nature de Boisbriand ★★

Bien des randonneurs se promènent dans la forêt et ne regardent que leur montre ou la distance qu'il reste à parcourir. Il ne prennent malheureusement pas le temps d'observer, de sentir, de toucher, de comprendre, ou tout simplement de se questionner sur les mille et une choses qui les entourent.

Un petit lieu de nature comme le Centre d'interprétation de la nature de Boisbriand a ceci de merveilleux qu'il ne nous donne pas le choix! Si l'on recherche la performance, le tour du Centre sera fait en moins de 20 min! Alors, il vaut peut-être mieux prendre son temps et se laisser aller au jeu de la découverte, dans ce labyrinthe d'espèces, d'essences et d'autres végétaux.

Ici, tout a été conçu pour que le visiteur puisse acquérir des connaissances tout en se baladant, en s'amusant et en se laissant intriguer par toutes ces merveilles de la nature. D'ailleurs, en août 1995, le centre s'est enrichi d'un nouvel attrait naturel, soit les marques tangibles du passage dévastateur d'une petite tornade! En effet, il est désormais possible d'observer plusieurs arbres qui ont été arrachés ou fracassés lors de cette tempête, et ainsi deviner facilement la trajectoire de la tornade.

■ Où, quand, comment?

Informations

Centre d'interprétation de la nature de Boisbriand, rue Chavigny, Boisbriand, ☎ (514) 435-1954, poste 255, ou 435-5435.

Accès

Le centre est situé entre les autoroutes 13 et 15. Transports publics : terminus Henri-Bourassa (Limocar, ☎ 514-435-8899), autobus 9 et correspondance avec l'autobus 5. Voitures : autoroute 13 ou 15, sortie Boisbriand. Prendre le chemin de la Grande-Côte jusqu'à l'avenue Chauvin, puis prendre à gauche sur la rue Chavigny.

Frais :	aucuns.
Horaire :	de mai à septembre. Du lundi au vendredi de 8 h 30 à 20 h, et la fin de semaine de 10 h à 18 h.
Randonnée pédestre hivernale :	non.
Autres activités :	interprétation de la nature, animation dans les sentiers les fins de semaine, animation pour groupes (réservation).
Animaux domestiques :	interdits.
Services :	stationnement, accueil, deux aires de pique-nique, abreuvoirs, toilettes, carte des sentiers, brochures d'auto-interprétation, sentiers aménagés pour les personnes en fauteuil roulant.

■ Le réseau

Le sentier aménagé fait 1,1 km et pourrait être parcouru facilement en quelques minutes. Mais un kilomètre de découvertes, de questions et d'émerveillement occupe près de deux heures de notre temps. C'est donc un excellent endroit où aller pique-niquer en famille ou entre amis.

À l'entrée du Centre, des naturalistes accueillent les visiteurs. Il est très vivement conseillé de se procurer (gratuitement) les deux différentes brochures d'auto-interprétation afin de découvrir les secrets des 23 stations étalées le long du sentier.

Le sentier traverse une érablière à caryer et mène à un immense tilleul d'Amérique dont le centre est très fortement attaqué, mais qui demeure cependant fier et droit. On se demande comment il a pu résister au passage d'une tornade. Le sentier suit la rivière des Mille Îles et conduit à quatre plates-formes offrant une vue sur la rivière ainsi que sur l'île de Mai. La rivière des Mille Îles, connue à différentes époques sous les noms de Saint-Jean, Jésus et du Chêne, fait 40 km et compte 60 îles. Un joli marais, grouillant de vie, peut être parcouru, car le sentier repose désormais sur pilotis.

En ouvrant l'œil, le randonneur aura peut-être la chance d'apercevoir un pic flamboyant, un canard branchu, un castor ou même un vison!

Le circuit Accès-Nature du CLÉ ★

En 1986, trois amis décidèrent de faire un geste positif pour l'environnement, au lieu de déblatérer contre les problèmes qui nous entourent. C'est ainsi que le Centre local d'écologie des Basses-Laurentides (CLÉ) est né le 5 juillet 1986.

Le CLÉ répond aux besoins environnementaux de ses membres, des écoles, des municipalités, de la population et des régions. Il vulgarise, protège et met en valeur la richesse de l'environnement laurentien.

Depuis 1991, le CLÉ travaille à mettre sur pied le projet récréo-touristique Accès-Nature, qui a pour objectifs la conservation et la mise en valeur de richesses naturelles situées en milieu urbain dans la région de la MRC Deux-Montagnes. Le circuit Accès-Nature se veut un moyen de protection d'espaces verts ainsi qu'un moyen de sensibilisation et d'éducation de population sur les écosystèmes, et ce, à travers des sites harmonieusement aménagés le long de la piste cyclable de la région de Deux-Montagnes.

Au cours des prochaines années, le Centre local d'écologie des Basses-Laurentides prévoit aménager plusieurs sites dans la région de Deux-Montagnes, où le randonneur pourra trouver des sentiers bien aménagés ainsi que des panneaux d'auto-interprétation traitant de la flore et de la faune, mais également des différentes problématiques environnementales.

Pour l'instant, le projet du site du **Domaine Royal**, à Pointe-Calumet, riche en faune et en végétation, et l'un des rares marais et marécages encore existants dans la région, est encore à l'état de conception et n'offre pas de sentiers.

À Sainte-Marthe-sur-le-Lac, le **parc de La Frayère** (derrière l'hôtel de ville, par la rue Louise puis la 23e Avenue) dispose d'une superbe passerelle de bois, d'environ 300 m, menant au lac des Deux Montagnes. On y trouve une fort jolie plage ainsi qu'une petite baie parsemée de hautes herbes. La vue y est tout simplement merveilleuse. C'est l'endroit tout désigné pour aller pique-niquer et se détendre au chaud soleil, en observant les petites vagues et les oiseaux aquatiques qui viennent y faire une petite halte.

Mais le site qui est le mieux aménagé est celui qui se trouve à Deux-Montagnes, près de la gare, et nommé **Le bois de la 20e Avenue**.

■ **Où, quand, comment?**

Informations

Centre local d'écologie des Basses-Laurentides, 198 rue Saint-Eustache, Saint-Eustache, J7R 2L7, ☎ (514) 623-3235, ⇄ 623-4468.

Accès

L'accès principal du bois est situé à côté de la toute nouvelle gare de Deux-Montagnes, sur le boulevard Deux-Montagnes. Transports publics : train de banlieue Montréal/Deux-Montagnes (☎ 514-288-6287 ou AUTOBUS). Autobus : terminus Henri-Bourassa, autobus 46 de la STL (☎ 514-688-6520) jusqu'à Saint-Eustache, puis autobus de la CIT Deux-Montagnes (☎ 514-472-5511) jusqu'à la gare de Deux-Montagnes. Voitures : autoroute 640 Ouest, sortie 8. Prendre la 20e Avenue jusqu'au boulevard Deux-Montagnes, où vous tournerez à gauche.

Frais :	aucuns.
Horaire :	tous les jours, du lever au coucher du soleil.
Randonnée pédestre hivernale :	oui.
Autres activités :	vélo (piste cyclable).
Animaux domestiques :	admis, si en laisse.
Services :	stationnement, toilette et casse-croûte à la gare. Brochure d'auto-interprétation (CLÉ ou service des loisirs de Deux-Montagnes, ☎ 473-4700).

■ **Le réseau**

Le réseau compte environ 2,5 km de sentiers de randonnée pédestre. Un sentier est situé du côté nord du boulevard Deux-Montagnes, et un autre, du côté sud. On y trouve neuf stations numérotées, renvoyant à la brochure d'auto-interprétation. Les sentiers sont bien balisés et parfaitement aménagés. Le bois de la 20e Avenue constitue une superbe forêt mature et densément peuplée. L'érablière révèle toute ses splendeurs une fois l'automne venu. Les arbres y sont de grande taille, et l'on peut observer quelques grosses souches d'arbres à proximité des sentiers. Le bois abrite également quelques ormes de Thomas, ou ormes-lièges, essence plutôt rare dans la région. Plusieurs plantes y croissent, notamment dans le marécage situé tout à côté de l'érablière.

La deuxième partie de la brochure demande un déplacement vers les parcs urbains de la municipalité (parcs Bélair, Moir, Stenson, etc.), où l'accent est mis sur la rivière des Mille Îles et le lac des Deux Montagnes.

Le parc d'Oka ★★★

Le parc d'Oka, situé à seulement 50 km de Montréal, offre d'agréables randonnées dans des sentiers faciles et bien balisés. C'est l'endroit idéal pour s'initier à l'interprétation de la nature, plusieurs sentiers étant aménagés ainsi. Bien que le parc d'Oka ne soit pas très grand (24 km²), son paysage est très diversifié. On y parcourt, en quelques heures, collines, champs, marais, plage et abords d'un lac.

La région d'Oka est riche en sites historiques, dont le célèbre calvaire d'Oka, ce chemin de croix classé site historique où l'on retrouve des oratoires et des chapelles. On y trouve aussi la Trappe d'Oka, qui possède un monastère où les moines fabriquent et vendent au public (magasin) leur réputé fromage Oka ainsi que d'autres produits. Oka signifie «poisson doré». C'était également le nom d'un chef algonquin. La présence des Amérindiens à Oka remonte à 3 500 ans. On a retrouvé des vestiges de cette époque sur la plage. De nos jours, environ 500 Mohawks vivent sur la réserve amérindienne de Kanesatake.

Le parc d'Oka devait, à l'origine (1962), être une réserve de chasse et de pêche. Mais le gouvernement du Québec changea d'avis et aménagea plutôt un terrain de camping, ainsi qu'un stationnement en 1967. L'année suivante, le parc prend le nom de Paul-Sauvé, d'après l'ancien premier ministre du Québec en 1959-60. En 1990, le parc reprend le nom de parc d'Oka et reçoit le statut de parc de récréation. Sa vocation est désormais de favoriser la pratique d'activités récréatives de plein air tout en assurant la protection du milieu naturel.

■ **Où, quand, comment?**

Informations

Services récréatifs du parc d'Oka (SERPO), 2020 chemin d'Oka, C.P. 1200, Oka, J0N 1E0, ☎ (514) 479-8337 ou 479-8365.

Accès

Transports publics : terminus Henri-Bourassa, autobus 46 de la STL (☎ 514-688-6520) jusqu'à Saint-Eustache, puis autobus de la CIT Deux-Montagnes (☎ 514-472-5511) jusqu'à Pointe-Calumet. De Pointe-Calumet, prendre un taxi jusqu'au parc d'Oka (environ 4 km). Il est possible de prendre le train de banlieue jusqu'à Deux-Montagnes, puis le taxi-bus (2 $; ☎ 974-2000) jusqu'au parc. Voitures : autoroute 13 ou 15, puis autoroute 640 Ouest jusqu'au bout. Une fois passés les feux de signalisation, on pénètre dans le parc d'Oka.

Frais :   aucuns pour les stationnements (Centre d'accueil et l'Orée) ni pour l'accès aux sentiers de randonnée pédestre. Frais pour l'accès à la plage, le camping et les activités hivernales. **Attention :** au moment de mettre sous presse (mars 1996), nous apprenions que des frais d'accès de 2 $ par personne pourraient être perçus, dès le mois d'avril, dans les parcs provinciaux.

Horaire :	tous les jours, de 8 h au coucher du soleil. L'horaire peut varier selon les saisons (s'informer).
Randonnée pédestre hivernale :	oui.
Autres activités :	baignade et sports nautiques, camping, randonnées guidées, vélo de ville, vélo de montagne, ski de fond, raquette, patin, pêche sur glace, glissade.
Animaux domestiques :	interdits.
Services :	stationnements, centre d'accueil et d'interprétation, casse-croûte, refuge, location (équipement nautique et de ski de fond), rampe de mise à l'eau, animation, carte du parc, dépliants, brochures d'auto-interprétation, emplacement de camping.

■ Le réseau

Le réseau compte quatre sentiers de randonnée pédestre, pour un total de 12 km. Mais, en plus de ceux-ci, on retrouve d'autres petits sentiers et des routes piétonnières. Sous peu, le nombre pourrait augmenter, car les gestionnaires du parc d'Oka (SERPO) prévoient en aménager de nouveaux, dont l'ancien sentier passant près du lac de la Sauvagine.

À l'intérieur du parc, les randonnées s'effectuent dans de magnifiques décors boisés tels que l'érablière à chênes rouges, l'érablière argentée, la chênaie ou la magnifique pinède. En tout, plus de 30 espèces d'arbres et 50 espèces d'arbustes, de même que plus de 700 plantes herbacées et une grande variété de champignons peuvent être admirées. Quelque 200 espèces d'oiseaux fréquentent le parc, dont une grande diversité fréquente les milieux humides. On y retrouve pas moins de 20 espèces de canards! Quant aux mammifères, la marmotte, l'écureuil et le raton laveur sont facilement observables, alors que le vison, le renard ou le chevreuil se laissent quelquefois surprendre par le randonneur.

Le sentier historique du **calvaire d'Oka**, une jolie boucle de 5,5 km, mérite une attention particulière. Le calvaire est un petit sommet de 152 m, duquel la vue sur le lac des Deux Montagnes, le village d'Oka et le parc est splendide. Ce sentier historique est en fait un chemin de croix, jalonné de quatre oratoires et de trois chapelles, tous construits entre 1740 et 1742 par les prêtres de Saint-Sulpice, dans le but d'évangéliser les Amérindiens. Vers les années 1870, les Blancs vinrent y faire de nombreux pèlerinages, attirant jusqu'à 30 000 pèlerins en 1889!

À l'intérieur de chaque petit bâtiment se retrouvait, à l'époque, un tableau représentant une scène de la Passion. En raison du climat vigoureux, les tableaux ont été remplacés par des reliefs en bois polychromes. Les tableaux furent placés à l'intérieur de l'église d'Oka. Quant aux reliefs, ils ont également été retirés, au début des années soixante-dix, en raison de divers actes de vandalisme.

À noter qu'il est possible d'atteindre le sommet du calvaire par un sentier plus court. Une vingtaine de minutes suffisent alors pour se rendre du stationnement l'Orée, au sommet (chapelles).

Le sentier écologique de la Grande-Baie (boucle de 3 km) offre une quantité d'informations des plus intéressantes. Voilà un beau sentier, réaménagé en 1991. À l'entrée du sentier, un petit guide d'auto-interprétation est fourni gratuitement. Le long du sentier, le randonneur est invité à s'arrêter à différentes stations. En quelques minutes, on traverse quatre écosystèmes : le champ, l'érablière à caryer, l'érablière argentée et le marais.

Au marais, on retrouve une passerelle flottante de 300 m de longueur, ainsi qu'une tour d'observation d'où la vue sur la Grande Baie est exceptionnelle. Selon la saison, la végétation y varie énormément. La Grande Baie est un marais qui sert de régulateur d'eau, notamment lors des inondations printanières, et d'usine d'épuration naturelle. C'est l'endroit tout désigné pour tenter de repérer l'une des 200 espèces d'oiseaux qui fréquentent le parc.

Le sentier de la Rivière-aux-Serpents (1,8 km), situé près de la salle commune du camping, est un court mais très joli petit sentier qui mène à la rivière aux Serpents, sillonnant un magnifique marécage. On y retrouve également une passerelle flottante.

Le sentier de l'Érablière (1,5 km) parcourt la jolie forêt située à côté du Centre d'accueil et d'interprétation. Un rallye fort instructif peut même y être effectué. Il suffit de demander le cahier intitulé *À travers les branches* à l'accueil. Le long du parcours, qui prend environ une heure à effectuer, tous les sens seront sollicités. Au retour, la correction donne lieu à plusieurs nouvelles interrogations.

Le parc du Domaine Vert ★

Le parc du Domaine Vert n'est situé qu'à une vingtaine de kilomètres au nord de Montréal, près de l'autoroute des Laurentides, mais il a beaucoup à offrir aux amateurs d'activités de plein air «quatre saisons».

C'est en 1976 qu'a débuté la pratique d'activités de plein air sur ce site, avec quelques sentiers de ski de fond, en collaboration avec le Club des Lions de Sainte-Thérèse, et la mise en place d'un premier chalet, opéré par la Ville de Sainte-Thérèse. En 1977 est créé le Réseau plein air La Mirabelle, suivi en 1985 de la formation de la Régie intermunicipale du parc du Domaine Vert. Cette société intermunicipale des villes de Boisbriand, de Blainville, de Sainte-Thérèse et de Mirabel acheta, en octobre 1988, les 640 ha de terrain et tous les bâtiments situés dans le parc à la Société Immobilière du Canada.

Le parc du Domaine Vert s'impose comme le rendez-vous familial par excellence. Tout au long de l'année, on y accueille un grand nombre de groupes scolaires ainsi que des camps d'été venus s'amuser et apprivoiser la nature.

Si près des grands centres urbains, on s'y sent tout de même partout en «plein bois». Le programme des activités est très bien élaboré et très bien conçu. De plus, on peut y pratiquer l'équitation (à l'heure), même en hiver, et ainsi galoper allègrement sur un tapis de neige!

Pour ceux et celles qui ont envie d'une nuit calme et paisible au fond des bois, mais pas trop loin de la ville, le parc loue à prix modiques des petits chalets rustiques pouvant recevoir de six à huit personnes, de même qu'un grand chalet pouvant loger 24 personnes.

■ Où, quand, comment?

Informations

Parc du Domaine Vert, 10423 montée Sainte-Marianne, Mirabel, J7E 4H5, ☎ (514) 435-6510.

Accès

Transports publics : terminus Henri-Bourassa, autobus 9 (Limocar, ☎ 435-8899) jusqu'à Sainte-Thérèse. De Sainte-Thérèse, prendre un taxi jusqu'au parc (5 km). Voitures : autoroute 15, sortie 23. Prendre le chemin de la Côte-Nord vers l'ouest, jusqu'à la montée Sainte-Marianne. Tournez à droite, et suivez la route jusqu'à l'entrée du parc (panneau).

Frais : stationnement 7 $, adultes 6,25 $, enfants 2,25 $, aînés 3,25 $, familles 15 $.

	Passes familiale ou individuelle également proposées.
Horaire :	tous les jours, de 9 h au coucher du soleil.
Randonnée pédestre hivernale :	oui (6 km).
Autres activités :	baignade, vélo, équitation, terrains de jeu pour enfants, piste d'hébertisme, escalade (dimanche), théâtre d'été, animation pour groupes, ski de fond, raquette, patin, glissade.
Animaux domestiques :	interdits.
Services :	stationnement, toilettes, restauration, hébergement (location de chalets), location de salles, animation (groupes scolaires, entreprises, familles), aires de pique-nique, refuge, centre équestre, piscine, piste cyclable, salle de fartage, location d'équipements de ski de fond.

■ **Le réseau**

Le réseau de sentiers de randonnée pédestre n'est pas encore tout à fait défini. On y retrouve présentement 6 km de sentiers qui sont superbement aménagés et environ 30 km qui sont ouverts aux randonneurs, mais qui sont quelquefois impraticables à cause de la trop forte accumulation d'eau (s'informer à l'accueil). Dans un avenir rapproché, le parc prévoit aménager ces sentiers (petits ponts, passerelles, etc.), qui servent surtout aux skieurs de fond en hiver, afin que les randonneurs puissent en bénéficier pleinement.

Le paysage du parc est en partie vallonné et ne comporte aucune difficulté. Vers le sentier Le Lièvre, de l'autre côté de la montée Sainte-Marianne, le randonneur côtoie de magnifiques hêtraies et prucheraies. C'est sur ce sentier que l'on retrouve un petit refuge. Près du sentier Le Geai Gris, on peut observer le travail acharné des castors qui y ont construit un barrage.

En ce qui a trait aux animaux observés dans le parc, soulignons la grenouille des bois, le crapaud d'Amérique, le raton laveur, l'araignée loup, la salamandre noire avec picots jaunes, la salamandre maculée, la moufette, la couleuvre noire et jaune, la couleuvre à ventre rouge, le lièvre, le porc-épic, le castor, le cerf de Virginie et l'orignal. À ce jour, les naturalistes du parc ont recensé, entre 1990 et 1994, 42 espèces d'oiseaux.

🚶🚶 Le Centre du Bois-de-Belle-Rivière

Le Centre du Bois-de-Belle-Rivière est situé à 65 km de Montréal, à mi-chemin entre Saint-Eustache et Lachute, juste à l'ouest de l'aéroport de Mirabel. Il tire son nom du petit village historique de Belle-Rivière, dont il représente la partie boisée.

Ce centre est l'ancien Centre éducatif et forestier (CEF), géré par le ministère des Forêts du gouvernement du Québec. Comme le gouvernement s'est retiré des 10 CEF du Québec il y a quelques années déjà, ces CEF sont désormais gérés par divers groupes ou municipalités. Malheureusement, le CEF du Bois-de-Belle-Rivière est le seul centre qui ne soit pas ouvert en tant que tel au grand public. Il semblerait que le dossier soit complexe en raison de certaines terres qui appartiennent au fédéral. Bref, au moment de mettre sous presse (mars 1996), le dossier n'était toujours pas réglé, la Ville de Mirabel tentant d'obtenir la gérance du site par l'intermédiaire d'un organisme sans but lucratif.

Par contre, même si les bâtiments sont fermés et qu'aucune activité n'est offerte, les magnifiques sentiers de randonnée pédestre sont là, et la présence des randonneurs est (pour l'instant) tolérée. Il serait donc dommage de se priver d'un aussi merveilleux site boisé, où sous-bois, érablière, jardins et verger nous enivrent de leur beauté... naturelle!

■ **Où, quand, comment?**

Informations

aucune information disponible pour l'instant.

Accès

Transports publics : aucun. Voitures : autoroute 15, sortie 35. Suivre l'autoroute qui passe à côté de l'aéroport de Mirabel, jusqu'à la route 148 Est (direction Saint-Eustache). Le centre est alors sur le côté gauche de la route 148 (panneau). Il est également possible de prendre la route 148 Ouest, de Saint-Eustache vers Lachute (le centre se trouve alors du côté droit).

Frais :   aucuns.
Horaire :   du lever au coucher du soleil.

Randonnée pédestre hivernale :	non.
Autres activités :	aucune pour l'instant.
Animaux domestiques :	interdits.
Services :	aucun pour l'instant. Comme la barrière du chemin d'accès est verrouillée, le stationnement près de celle-ci est toléré (SVP, respectez tout nouvel avis).

■ **Le réseau**

Le réseau compte cinq sentiers de randonnée pédestre, pour un total de 8 km. C'est au cœur d'un des plus beaux patrimoines forestiers du Québec, celui du domaine de l'érablière à caryer, que le Centre du Bois-de-Belle-Rivière, d'une superficie de 182 ha, a élu domicile. Il est situé dans une région forestière caractérisée par une grande diversité d'arbres et de plantes de sous-bois. La forêt, surtout l'érablière, recouvre la plus grande partie du territoire. On y ratrouve également des peuplements de pruches et de thuyas ainsi que des champs, dont certains sont aménagés en jardins ornemental et forestier ou en verger.

Le long des sentiers L'Érablière (3,7 km), Le Sylvestre (1,8 km), La Prucheraie (1 km), L'Écotone (0,9 km) et Le Charme (0,6 km), le randonneur sera émerveillé par toutes ces beautés de la nature, surtout lors d'un printemps fleuri ou d'un automne haut en couleur. Il observera également divers bâtiments, dont le pavillon d'accueil, le refuge, la sucrerie d'antan, la sucrerie moderne, le gîte et le relais, en pensant au temps où tous ces bâtiments étaient ouverts et animés, alors qu'aujourd'hui ils sont laissés à l'abandon et aux vandales!

Le Parc régional de la Rivière-du-Nord ★★

Au Parc régional de la Rivière-du-Nord, on se balade au rythme de l'eau, qui coule, tantôt d'un ton si doux et reposant, tantôt vrombrissant du ton musclé de ses chutes. Écouter les sons d'une rivière, c'est comme regarder un feu de camp; on devient absorbé, captif, et l'on voudrait que cet instant paisible soit éternel. C'est le repos bien mérité du randonneur.

D'ailleurs, tous les sentiers longent cette rivière du Nord, qui est le cœur même du parc. Le Parc régional de la Rivière-du-Nord, situé à une cinquantaine de kilomètres au nord de Montréal, est régi par les municipalités de Saint-Jérôme, de Lafontaine, de Bellefeuille et de Prévost. Il est donc divisé en quatre secteurs.

Le parc a vu le jour en 1990, et, depuis ce temps, de nouveaux sentiers sont sans cesse créés. Des belvédères et des aires de jeux sont aménagés afin de rendre le séjour des plus agréables. Pour l'instant, l'animation relève d'un service d'auto-animation offrant le choix entre différents jeux éducatifs tels que le sentier sensoriel, l'atelier de boussole, la chasse au trésor, etc.

■ **Où, quand, comment?**

Informations

Parc régional de la Rivière-du-Nord, 1051 boulevard International, R.R. 2, Saint-Jérôme, J7Z 5T5, ☎ (514) 431-1676.

Accès

Transports publics : du terminus Berri-UQAM, prendre l'autobus 45 (Limocar Laurentides, ☎ 435-6767), ou du terminus Henri-Bourassa, prendre l'autobus 9 (Limocar Basses-Laurentides, ☎ 435-8899) jusqu'à Saint-Jérôme. À Saint-Jérôme, prendre l'autobus local (☎ 436-1711, pas de service le dimanche) jusqu'au centre d'achats Carrefour du Nord, puis marcher jusqu'au parc (environ 20 min). Voitures : autoroute des Laurentides (15 Nord), sortie 45 (montée Sainte-Thérèse). Prendre à gauche sur la montée Meunier (viaduc) et tout de suite à droite sur le boulevard International. Un autre stationnement est situé à Prévost, sur le chemin du Plein Air (via le chemin Principal).

Frais :	3 $ par voiture et 10 $ par autobus. Passe de saison également disponible.
Horaire :	tous les jours de la semaine, de 9 h à 19 h en été, jusqu'à 17 h en hiver.
Randonnée pédestre hivernale :	oui (3,7 km).
Autres activités :	vélo de montagne, pêche (zone 9), pétanque, jeu de fers, canot, ski de fond, raquette.
Animaux domestiques :	interdits.
Services :	stationnement, chalet d'accueil, casse-croûte, tables, toilettes, exposition, aires de pique-nique, location (ski, canot, vélo).

■ **Le réseau**

Le parc propose plus de 20 km de sentiers aménagés pour la randonnée pédestre. Même si la signalisation est quelque peu confuse (marche-vélo-ski), il est très facile de s'y retrouver, la rivière du Nord servant continuellement de point de repère. Les sentiers permettent de se balader des deux côtés de la rivière (secteurs Saint-Jérôme et Lafontaine) et ainsi d'admirer les chutes Wilson, de même que les vestiges de la pulperie Wilson et de la centrale hydro-électrique. Dans le secteur Prévost, les sentiers longent la rive nord de la rivière.

Un abri en bois rond est situé près de l'ancien barrage, du côté nord de la rivière. C'est à cet endroit qu'il est possible d'emprunter le sentier du Parc linéaire du P'tit Train du Nord. Ce sentier de 200 km part de Saint-Jérôme et conduit à Mont-Laurier!

Le long des sentiers, des panneaux d'interprétation permettent de se familiariser avec la faune, la flore ainsi que le patrimoine culturel de la région.

Dans le magnifique Pavillon d'accueil Marie-Victorin (en bois rond), un panneau nous présente l'historique des chutes Wilson. Sur place, près du petit pont et des chutes Wilson, on peut encore observer les vestiges de la pulperie Wilson (construite en 1881 et fermée en 1958), de la centrale hydro-électrique (1924-1974), ainsi que du barrage en béton. La conduite forcée (immense tuyau de 412 m de long) avec sa cheminée d'équilibre, qui reliait le barrage à la centrale, est encore très apparente. Des panneaux d'interprétation permettent d'en apprendre davantage sur cette époque.

Le Parc linéaire du P'tit train du Nord

Le Parc linéaire du P'tit train du Nord est officiellement devenu propriété publique en juin 1994, même si l'on s'y promenait depuis 1991. Devenu le plus long sentier de la région (200 km), également considéré comme la plus longue piste cyclable du genre au monde, il emprunte l'ancienne voie ferrée du Canadien Pacifique (CP), qui permettait de «monter dans l'nord» en train pour y pratiquer, entre autres, le ski alpin et le ski de fond.

Ce sentier linéaire de 200 km, qui relie Saint-Jérôme à Mont-Laurier, ne comporte aucune difficulté majeure, car il est plat et droit. Par contre, il faut mentionner qu'un nombre de plus en plus grandissant de cyclistes s'y promène, surtout les fins de semaine, et qu'il faut donc être vigilant, surtout si l'on est accompagné de jeunes enfants.

L'hiver venu, le parc devient un superbe sentier de ski de fond de 45 km, reliant Saint-Jérôme à Val-David, et où il est permis de se promener à pied. Au nord de Val-David, le parc est réservé aux motoneigistes.

■ Où, quand, comment?

Informations

Parc linéaire du P'tit train du Nord, 300 rue Longpré, bureau 110, Saint-Jérôme, J7T 3B9, ☎ (514) 436-4051, ⇄ 436-2277.

Accès

Le départ est situé à l'emplacement de l'ancienne gare de Saint-Jérôme. Le stationnement n'étant pas évident à cet endroit, il est possible de stationner, les fins de semaine, au Cégep de Saint-Jérôme ou au Parc régional de la Rivière-du-Nord (voir p 152), mais également à Prévost, à Piedmont, à Mont-Roland, etc.

Frais :	aucuns.
Horaire :	tous les jours, du lever au coucher du soleil.
Randonnée pédestre hivernale :	oui (45 km).
Autres activités :	vélo, ski de fond.
Animaux domestiques :	interdits.
Services :	stationnements, carte du parc ($); plusieurs anciennes gares sont ouvertes les fins de semaine (toilettes, casse-croûte, location, etc.).

Sainte-Marguerite-du-Lac-Masson · Tracy · Sorel · Yamaska · Mont-Roland · Piedmont · LANAUDIÈRE · Saint-Ours · Saint-Guillaume · Drummondville · Contrecœur · Saint-Jérôme · Saint-Denis · Callxa-Lavallée · LAURENTIDES · Terrebonne · Mirabel · Sainte-Thérèse · LAVAL · St-Charles-sur-Richelieu · Saint-Hyacinthe · Hawkesbury · Carillon · Saint-Eustache · Varennes · Boucherville · Longueuil · Mont-Saint-Hilaire · Saint-Dominique · Roxton Falls · Rigaud · Oka · MONTRÉAL · Saint-Bruno · ONTARIO · Kahnawake · Brossard · Chambly · Saint-Pie · Pincourt · Châteauguay · Rougemont · Granby · Coteau-du-Lac · Melocheville · Beauharnois · Sainte-Timothée · Salaberry-de-Valleyfield · Saint-Louis-de-Gonzague · Saint-Jean-sur-Richelieu · Farnham · MONTÉRÉGIE · L'ESTRIE · Ormstown · Lacolle · Huntingdon

LA RIVE-SUD

Mis à part deux sites situés dans la région de l'Estrie (Granby et Farnham), la Rive-Sud de Montréal réfère à la région touristique de la Montérégie, incluant l'extrême sud-ouest du Québec, que l'on nomme désormais le Suroît (vent dominant du sud-ouest, annonçant ciel bleu et temps plus chaud).

Les six collines montérégiennes (les monts Saint-Bruno, Saint-Hilaire, Yamaska, Rougemont, Saint-Grégoire et Rigaud) constituent les seules dénivellations d'importance de ce plat pays. Disposées ici et là sur le territoire, ces collines massives qui ne s'élèvent qu'à environ 400 m furent longtemps considérées comme d'anciens volcans. En réalité, il s'agit plutôt de roches métamorphiques qui n'ont pu perforer la couche superficielle de la croûte terrestre et qui devinrent apparentes à la suite de la longue érosion des terres avoisinantes.

Riche d'histoire, la Montérégie est donc d'abord et avant tout une belle plaine très propice à l'agriculture, située entre l'Ontario, la Nouvelle-Angleterre et les contreforts des Appalaches estriennes. Sa position géographique, tout juste au sud de Montréal, et ses multiples voies de communication naturelles, dont la rivière Richelieu, lui octroyèrent longtemps un rôle militaire et stratégique d'importance.

RIVE-SUD	Classification	Transports publics	Animaux domestiques	Page
Le parc des Îles-de-Boucherville	★★	été	non	160
Le Parc régional de Longueuil	★	oui	non	162
Le Parc de conservation du Mont-Saint-Bruno	★★★	oui	non	165
Le Centre de conservation de la nature Mont-Saint-Hilaire	★★★	oui	non	167
Le canal de Chambly	★★	oui	oui	169
La Cidrerie artisanale Michel Jodoin	★	oui	non	171
Le Centre d'interprétation de la nature du lac Boivin	★★★	oui	non	173
Le Centre de la nature de Farnham	★	oui	non	175
Le mont Saint-Grégoire	★★	oui	non	177
Le Récré-O-Parc de Ville Sainte-Catherine		oui	oui	179
Le Parc archéologique de la Pointe-du-Buisson	★★	oui	non	180
Le Parc régional des îles de Saint-Timothée	★★	oui	oui	183
Le parc Delpha-Sauvé		oui	oui	185
Le Lieu historique national de Coteau-du-Lac	★★	oui	non	187
Le parc des Ancres de Pointe-des-Cascades	★	oui	oui	189
Le Parc historique de la Pointe-du-Moulin	★★	oui	non	191
Le Centre de plein air Les Forestiers	★★	oui	non	192
Le mont Rigaud	★★	oui	non	194

La Rive-Sud (est)

1. Le parc des Îles-de-Boucherville
2. Le Parc régional de Longueuil
3. Le Parc de conservation du Mont-Saint-Bruno
4. Le Centre de conservation de la nature Mont-Saint-Hilaire
5. Le canal de Chambly
6. Cidrerie artisanale Michel Jodoin
7. Le Centre d'interprétation de la nature du lac Boivin
8. Le Centre de la nature de Farnham
9. Le mont Saint-Grégoire

N

Îles de Sorel
Saint-Ignace-de-Loyola

Sorel

Saint-Joseph-de-Sorel
Sainte-Anne-de-Sorel

Tracy
Yamaska

Saint-Robert

Saint-Roch-de-Richelieu
Saint-Ours
Saint-Guillaume

Contrecœur

Saint-Antoine-sur-Richelieu
Saint-Denis
Saint-Hugues

LANAUDIÈRE

Verchères
Saint-Jude
Calixa-Lavallée
Saint-Barnabé-Sud
Saint-Simon

Rivière des Mille-Îles

Varennes
St-Marc-sur-Richelieu
La Présentation
Saint-Liboire

LAVAL
St-Charles-sur-Richelieu
Upton

Îles de Boucherville
Saint-Hyacinthe

Boucherville
Beloeil
Mont-Saint-Hilaire
Saint-Dominique

Tunnel Hippolyte-Lafontaine
Mont Saint-Bruno
Mont Saint-Hilaire

Pont Jacques-Cartier
Pont Victoria
Longueuil
Saint-Bruno-de-Montarville

Saint-Lambert
Saint-Hubert
Saint-Mathias
Mont Rougemont
Saint-Pie

MONTRÉAL
Carignan
Marieville
Mont Yamaska

Pont Champlain
Brossard
Chambly
Saint-Paul-d'Abbotsford

La Prairie
Rougemont
Lac Boivin

Kahnawake
Ste-Catherine
Saint-Césaire
Granby

Châteauguay
Saint-Constant
Candiac
Saint-Philippe
Mont Saint-Grégoire
Mont-Saint-Grégoire

L'Acadie

Saint-Mathieu
St-Jacques-le-Mineur
Saint-Jean-sur-Richelieu
Iberville
Farnham

Rivière Richelieu
Saint-Blaise
L'ESTRIE

Sainte-Clotilde
Saint-Paul-de-l'Île-aux-Noix
Henryville
Bedford

Hemmingford
Lacolle
Venise-en-Québec

Odelltown
Notre-Dame-du-Mont-Carmel
Lac Champlain

0   10   20km

ÉTATS-UNIS

Dans cette section représentant la Rive-Sud de Montréal, nous proposons 18 sites, soit plus de 215 km de sentiers de randonnée pédestre à parcourir.

Le parc des Îles-de-Boucherville ★★

Le parc des Îles-de-Boucherville fut créé en 1984. Situé au milieu du fleuve Saint-Laurent, à quelques minutes du centre-ville de Montréal (10 km), ce parc constitue un havre de paix pour tous les amants de la nature. Bosquets, bois, prairies, champs, chenaux et fleuve composent le décor. Ce refuge champêtre est désormais réservé à la récréation. On y offre une vaste gamme d'activités de plein air et de découverte pour toute la famille.

Le nom de Boucherville provient de Pierre Boucher (1622-1717), fondateur de la seigneurie de Boucherville. Pierre Boucher, qui fut un des premiers colonisateurs de la Nouvelle-France, était un homme influent aux idées avant-gardistes. Entre autres, il croyait qu'une alliance entre Français et Amérindiens ferait naître un peuple nouveau. Ainsi, à l'âge de 27 ans, il épousa une jeune Huronne. Malheureusement, cette dernière mourut en donnant naissance à un enfant, et Pierre Boucher se maria de nouveau, avec Jeanne Crevier.

Les îles de Boucherville ont, depuis longtemps, attiré l'attention des habitants de la région. Elles avaient d'excellentes terres agricoles, et l'on y amenait aussi le bétail au pâturage. L'île de la Commune, entre autres, était, et demeure toujours, plantée de maïs, et l'on y retrouve de superbes paysages, selon la saison.

Le parc des Îles-de-Boucherville est composé de cinq îles reliées les unes aux autres. On y retrouve les îles Sainte-Marguerite, Saint-Jean, à Pinard, de la Commune et Grosbois. L'île Charron, au sud-ouest, ne fait pas partie du parc. Lors de la construction du pont-tunnel Louis-Hippolyte-Lafontaine (1964-1967), des tonnes de béton et de pierres ont été déposées sur les rives des îles Charron et Sainte-Marguerite, modelant ainsi passablement le décor.

L'eau est un élément important dans ce parc provincial. Les eaux du fleuve Saint-Laurent ont façonné les rives des îles. Les chenaux, dont le chenal du Courant, qui sépare les îles des grandes battures Tailhandier, sont grouillants de vie et se parcourent aisément en canot (location). D'ailleurs, on y a aménagé quatre circuits (28 km), afin que les canoteurs puissent vivre des moments de découverte (faune ailée et aquatique) et de détente (se procurer la brochure à l'accueil).

Plus de 170 espèces d'oiseaux (canard, bernache, aigle pêcheur, hiboux des marais, busard des marais, guifette noire, etc.) et 40 espèces de poissons (perchaude, achigan, doré, grand brochet, etc.) y ont été recensées à ce jour. Le fleuve Saint-Laurent étant un des «corridors de migration» des oiseaux migrateurs, les îles de Boucherville offrent tranquillité et nourriture, à quelques battements d'ailes de la ville.

Des îles, la vue sur la ville de Montréal, avec son port et ses gratte-ciel, ainsi que le Stade olympique, est magnifique. De l'autre côté, le vieux Boucherville se laisse admirer. On y distingue bien l'église de Sainte-Famille ainsi que le couvent de la congrégation de Notre-Dame, en plus de superbes maisons centenaires.

■ **Où, quand, comment?**

Informations

Parc des Îles-de-Boucherville, 55 île Sainte-Marguerite, Boucherville, C.P. 310, J4B 5J6, ☎ (514) 928-5088.

Accès

Transports publics : Aucun transport public depuis Montréal, mais en été, une navette fait la traversée entre Longueuil (près du pont L.-H.-LaFontaine) et l'île Charron (☎ 442-9575), alors qu'une autre relie Boucherville à l'île Grosbois (☎ 842-1053). Voitures : de Montréal, pont-tunnel Louis-Hippolyte-Lafontaine, sortie 89 (île Charron). De la Rive-Sud, autoroute 20, sortie 89.

Frais :	aucuns. **Attention** : au moment de mettre sous presse (mars 1996), nous apprenions que des frais d'accès de 2 $ par personne pourraient être perçus, dès le mois d'avril, dans les parcs provinciaux.
Horaire :	tous les jours, de 8 h au coucher du soleil. Le poste d'accueil est ouvert d'avril à novembre.
Randonnée pédestre hivernale :	oui.
Autres activités :	vélo, canot, pêche, terrains de jeu, golf (18 trous, ☎ 670-4522), parcours d'auto-interprétation, ski de fond (hors-piste), raquette, pêche blanche.

Animaux domestiques :   interdits.

Services :   stationnement, accueil, toilettes, casse-croûte, abris communautaire, aires de pique-nique, location (vélos et embarcations), rampe de mise à l'eau, bac à câble, animation, carte des sentiers, dépliants, brochures.

■ Le réseau

Le réseau de sentiers de randonnée pédestre fait 16 km. Les sentiers sont principalement aménagés le long des grèves.

Du poste d'accueil de l'île Sainte-Marguerite, on se dirige vers le bac à câble qui permet de traverser, gratuitement, jusqu'à l'île Pinard. Le bac à câble, qui peut recevoir 34 personnes à bicyclette, suit un long câble retenu sous l'eau. C'est sur l'**île Pinard** que l'on retrouve le terrain de golf public, un parcours de 18 trous à normale 70. De l'île Pinard, on rejoint l'**île de la Commune** par un petit pont qui enjambe le chenal à Pinard, inondé au printemps et où plusieurs espèces de poissons viennent se reproduire. On amenait autrefois à l'île de la Commune, maintenant plantée de maïs, le bétail au pâturage. Plus tard, les cultivateurs de Boucherville traversaient le fleuve sur un chaland (bateau à fond plat servant au transport des marchandises) afin d'aller cultiver les champs de l'île.

Le sentier longe le fleuve Saint-Laurent, à une trentaine de mètres de la piste cyclable, puis traverse sur l'**île Grosbois** en empruntant la passerelle La Passe. Au début du siècle, l'île Grosbois abritait le parc d'amusement King Edward (1909-1928) ainsi qu'un hippodrome. Le sentier fait complètement le tour de l'île Grosbois, avant de revenir vers l'île de la Commune et le bac à câble.

À noter qu'il n'est pas nécessaire de faire le trajet en entier. Plusieurs boucles de quelques kilomètres sont possibles, et le personnel du parc se fera un plaisir de vous tracer un parcours à votre mesure.

Le Parc régional de Longueuil ★

Le Parc régional de Longueuil, sur la Rive-Sud de Montréal, offre de nombreuses activités pour les amateurs de plein air et d'écologie. Ce parc est tellement apprécié que sa réputation a vite franchi les limites de la ville. Les gens viennent bien sûr de Longueuil, mais également de Montréal et d'un peu partout en Montérégie. C'est que cet espace vert, d'une superficie comparable au parc du Mont-Royal, permet aux amants de la nature de s'évader en pleine forêt, et ce, à quelques pas seulement des grands centres urbains.

Les grands espaces verts de la Rive-Sud ont, depuis toujours, eu la faveur des gens qui voulaient fuir le rythme de vie trop rapide de Montréal, ou se sentir loin de la ville tout en y étant tout près, n'ayant que le fleuve à traverser. C'est sûrement ce que se disait déjà Charles LeMoyne en 1657, lorsqu'il reçut, de la part du gouverneur Lauzon, trois terres sur la Rive-Sud de Montréal (Longueuil), aux abords du fleuve Saint-Laurent. Charles LeMoyne (1626-1685), qui était arrivé en Nouvelle-France à l'âge de 15 ans, participa à de nombreuses batailles contre les Iroquois. À la suite de ces batailles et de certaines négociations, il fut récompensé par l'octroi de nombreuses concessions de terres, notamment l'île Sainte-Hélène, l'île Ronde, pointe Saint-Charles, Châteauguay ainsi que les terres situées entre Varennes et Laprairie. Il devint ainsi l'un des hommes les plus riches et influents de toute la région. Il eut de nombreux enfants, dont Charles LeMoyne de Longueuil (1656-1729), son fils aîné, qui défendit Québec contre William Phips en octobre 1690, et à qui revint la seigneurie de Longueuil. Cette seigneurie fut nommée baronnerie en 1700 par Louis XIV.

Mais son plus célèbre fils fut, sans aucun doute, Pierre LeMoyne D'Iberville (1661-1706). Valeureux guerrier aux méthodes radicales, Pierre LeMoyne D'Iberville se battit pendant près de 20 ans et mena des attaques à la baie d'Hudson (1686, 1689, 1694, 1697), en Nouvelle-Angleterre (1690), à Terre-Neuve (1696) et dans les Antilles (1705). En 1697-98, il fonda les forts Maurepas et Saint-Louis, dans la vallée du Mississippi, méritant ainsi le titre de fondateur de la Louisiane.

■ Où, quand, comment?

Informations

Parc régional de Longueuil, 1895 rue Adoncour, Longueuil, J4J 5G8, ☎ (514) 646-8269, ⇄ 646-6718.

Accès

Le parc est situé entre les boulevards Curé-Poirier, Jean-Paul-Vincent et Fernand-Lafontaine, et la rue Adoncour. Transports publics : métro Longueuil, autobus 71 (STRSM) jusqu'au pavillon d'accueil, angle Adoncour et Curé-Poirier. Voitures : pont Jacques-Cartier, boulevard

Roland-Therrien et Curé-Poirier Est, ou autoroute 20, boulevard Marie-Victorin et Jean-Paul-Vincent.

Frais :	aucuns.
Horaire :	le parc est ouvert de 6 h à 23 h. Le pavillon d'accueil est ouvert de 9 h à 22 h 30.
Randonnée pédestre hivernale :	oui (1,5 km).
Autres activités :	vélo, camps d'été et d'hiver, ski de fond, raquette, glissade, patin, cours (ski de fond), activités et sorties en groupe.
Animaux domestiques :	interdits.
Services :	stationnement (gratuit), pavillon d'accueil, toilettes, casse-croûte, premiers soins, location d'équipement (ski de fond, glissade, etc.), aires de pique-nique.

■ Le réseau

Le réseau compte 15 km de sentiers de randonnée pédestre. Se balader à travers la forêt, dans un réseau de sentiers bien balisés et bien entretenus, ou se faire distraire par le chant de quelques oiseaux permet d'oublier pour quelques instants le rythme infernal de la ville... pourtant si proche. Petits lacs, collines et espaces gazonnés attendent le randonneur. Du haut de la colline, la vue sur Montréal et le mât du Stade olympique est très jolie.

L'observation de la nature est possible sur presque l'ensemble du territoire. À ce jour, plus d'une centaine d'espèces d'oiseaux ont été identifiées. Plusieurs mangeoires sont installées dans le parc. D'ailleurs, le **Club d'ornithologie de Longueuil** *(☎ 647-6542)* y est très actif, organisant des sorties de sensibilisation et des conférences.

L'hiver venu, le Parc régional de Longueuil organise une foule d'activités, allant des cours de fartage à des randonnées au clair de lune en passant par des cours de ski de fond, un camp plein air d'hiver et la «Pâques des Coccinelles». La butte pour la glissade, située derrière le pavillon d'accueil, est très fréquentée et bien appréciée par les «glisseurs» de tous âges. Cette butte est entretenue telle une pente de ski alpin, avec fabrication de neige artificielle, entretien mécanique et éclairage! Pas étonnant qu'autrefois le Parc régional de Longueuil portait le nom de «base de plein air».

Le Parc de conservation du Mont-Saint-Bruno ★★★

Ce petit parc provincial (6 km²) fut créé en 1985. Il est voué à la conservation et a pour objectif d'assurer la protection de ce territoire, tout en permettant au public de venir s'y détendre et en apprendre davantage sur cette colline montérégienne, le mont Saint-Bruno, de plus de 200 m d'altitude et riche d'un passé historique encore bien présent.

Le mont Saint-Bruno est une montagne particulière, en raison des nombreux lacs que l'on y retrouve. Les cinq petits lacs (Seigneurial, des Bouleaux, du Moulin, à la Tortue et des Atocas) se déversent l'un dans l'autre, offrant des décors de toute beauté aux visiteurs.

Le passé historique du mont Saint-Bruno remonte au début du XVIIIe siècle, alors que le territoire se nommait «la seigneurie de Montarville». Cette seigneurie avait été concédée à Pierre Boucher en 1710, élargissant du même coup la seigneurie de Boucherville et devenant la première seigneurie située dans les profondeurs des terres, à des lieux de tout contact avec les voies navigables. N'étant pas située près d'un grand cours d'eau, la seigneurie prit une vocation industrielle. On y construisit un moulin à farine en 1725, puis des moulins à tanner (1742), à planche (1758), à scie et à carder (1800-1816), tous alimentés par l'énergie hydraulique que procurent les cours d'eau de la montagne. De ces moulins, seul le moulin à farine, rebâti en 1741 et en 1761, est encore debout.

La culture de la pomme a également joué un rôle important au mont Saint-Bruno. Dès 1746, des pommiers y ont été plantés, à la demande du seigneur de Montarville. Une quinzaine d'années plus tard, la montagne abritait plus d'une centaine de pommiers. Plus récemment, au début des années vingt, les frères de Saint-Gabriel firent l'exploitation des vergers du mont Saint-Bruno pendant une cinquantaine d'années. De nos jours, le nombre de pommiers à l'intérieur du parc est estimé à environ 2 500.

■ Où, quand, comment?

Informations

Parc de conservation du Mont-Saint-Bruno, 330 chemin des 25 Est, Saint-Bruno-de-Montarville, J3V 4P6, ☎ (514) 653-7544.

Accès

Le parc est situé à seulement 20 km de Montréal et à 3 km du village. Transports publics : métro Longueuil, prendre l'autobus 99 (☎ 441-5555) jusqu'à Saint-Bruno, puis marcher jusqu'au parc (un peu plus de 2 km). Voitures : autoroute 20, sortie 98; prendre l'autoroute 30 en direction de Brossard, jusqu'à la sortie 121. Emprunter le boulevard Montarville, puis le chemin des 25 jusqu'au parc. Par l'autoroute 10 ou la route 116, il faut également prendre l'autoroute 30 (vers la 20) jusqu'à la sortie 121.

Frais :	aucuns. **Attention :** au moment de mettre sous presse (mars 1996), nous apprenions que des frais de 2 $ par personne pourraient être perçus, dès le mois d'avril, dans les parcs provinciaux.
Horaire :	tous les jours, de 8 h au coucher du soleil.
Randonnée pédestre hivernale :	oui (7 km, chemin de service).
Autres activités :	interprétation de la nature, ski de fond, ski alpin, raquette, cueillette de pommes en automne.
Animaux domestiques :	interdits.
Services :	stationnement, accueil, toilettes, casse-croûte, aires de pique-nique, refuge, premiers soins, aire de jeux, carte des sentiers, dépliants et brochures.

■ Le réseau

Le réseau totalise 30 km de sentiers de randonnée pédestre. De nombreuses boucles peuvent être effectuées. La carte du parc propose six parcours, variant de 4 km à 9 km, où se trouvent les principaux points d'intérêt. Tout près du poste d'accueil (0,5 km), à proximité du verger, un point de vue permet d'admirer le centre-ville de Montréal.

Le parc du Mont-Saint-Bruno couvre la majeure partie de cette colline montérégienne, haute de 218 m. Petite mais assez abrupte, cette colline est située dans la zone de transition entre l'érablière à caryer et l'érablière laurentienne. On y retrouve donc une grande diversité d'habitats, ainsi qu'une grande richesse au niveau de la flore et de la faune.

Le Parc de conservation du Mont-Saint-Bruno est en outre un des sites ornithologiques les plus fascinants du sud du Québec; plus de

230 espèces d'oiseaux y ont été observées à ce jour. Selon la saison et le sentier emprunté, il est également fréquent d'apercevoir des chevreuils, des renards et même des harfangs des neiges, tôt en matinée ou tard en fin de journée.

Le programme d'interprétation de la nature y est très diversifié : culture des pommes, histoire géologique, animaux, histoire humaine, érablière, réseau des lacs et ruisseaux. Le randonneur peut se procurer à l'accueil les différentes brochures traitant ces sujets.

Le grand tour du parc s'effectue le long du sentier n°1, une boucle de 8,9 km, en partant du poste d'accueil. Il est cependant suggéré de faire un petit détour pour aller admirer le vieux moulin (1761), situé entre le lac Seigneurial et le lac du Moulin. Plus loin, le sentier passe près de plusieurs lacs, puis près d'une immense pierre («la Pierre de Lune»), vestige du passage des grands glaciers, puis revient vers le poste d'accueil.

Le Centre de conservation de la nature Mont-Saint-Hilaire ★★★

Le mont Saint-Hilaire fait partie des collines montérégiennes. Avec ses 400 m d'altitude, il est une des plus imposantes collines qui s'élèvent dans la plaine du Saint-Laurent. Parmi toutes les collines montérégiennes, le mont Saint-Hilaire est celle qui a subi le moins de transformations. Elle est demeurée, au fil des décennies, une belle forêt mature.

Le mont Saint-Hilaire comprend le domaine Gault, du nom du propriétaire du site pendant près d'un demi-siècle. Le brigadier Andrew Hamilton Gault (1882-1958) avait acheté ce domaine de 890 ha, en 1913, pour la somme de 35 000 $, à la suite du morcellement de la seigneurie de Rouville. Après la Deuxième Guerre mondiale, en 1946, il bâtit un petit chalet près du lac Hertel, où il passa tous ses étés. En 1957, alors âgé de 75 ans, il décide d'y faire construire une somptueuse résidence en pierre pour ses vieux jours. Malheureusement, le brigadier Gault n'habita ce manoir que quelques semaines, car il est décédé le 28 novembre 1958. Il légua une partie de la montagne à l'Université McGill.

Le site du domaine Gault couvre 11 km² et est divisé en deux secteurs. Le premier secteur est le Centre de conservation de la nature (6 km²), organisme sans but lucratif affilié à l'Université McGill, qui offre des services d'informations, d'animation et de plein air. C'est dans ce secteur que l'on retrouve les 24 km de sentiers de randonnée pédestre, très bien aménagés. Le second secteur en est un de recherche et de préservation (5 km²), constituant une zone naturelle intacte où seuls les chercheurs autorisés sont admis.

Le mont Saint-Hilaire a été classé «refuge d'oiseaux migrateurs» par le gouvernement fédéral en 1960. En 1978, l'UNESCO en fit une «réserve de la biosphère», premier emplacement de ce genre au Canada. Le mont Saint-Hilaire est un des endroits au monde où l'on retrouve le plus de minéraux distincts (près de 200, dont 15 qui sont uniques à cette montagne) entrant dans la composition des roches.

On ne se sent pas seul sur le mont Saint-Hilaire! Avec quelque 600 espèces de plantes, dont 40 rares, 180 espèces d'oiseaux, dont près de 80 qui nichent sur la montagne, 45 espèces de mammifères (mais pas d'ours), 13 espèces d'amphibiens et reptiles et 13 espèces de poissons, il y a toujours à apprendre! D'ailleurs, depuis 1985, un couple de faucons pèlerins niche sur la falaise Dieppe.

■ Où, quand, comment?

Informations

Centre de conservation de la nature Mont-Saint-Hilaire, 422 chemin des Moulins, Mont-Saint-Hilaire, J3G 4S6, ☎ (514) 467-1755, ⇄ 467-8015.

Accès

Le mont Saint-Hilaire est situé à 35 km de Montréal. Transports publics : métro Longueuil, prendre l'autobus 200 (Limocar, ☎ 446-8899) jusqu'à Mont-Saint-Hilaire. Débarquer à l'angle de la rue Fortier et marcher jusqu'au Centre (environ 3 km). Voitures : autoroute 20, sortie 113. Suivre les indications «Centre de la nature». Route 116, puis rue Fortier, chemin de la Montagne et chemin des Moulins.

Frais :	adultes 4 $, de 6 à 17 ans 2 $, aînés 2 $. Également carte de membre individuelle ou familiale.
Horaire :	tous les jours, de 8 h au coucher du soleil.
Randonnée pédestre hivernale :	oui (5 km).
Autres activités :	interprétation de la nature, ski de fond, patin, glissade, raquette.
Animaux domestiques :	interdits.

Services :   stationnement, accueil, casse-croûte, toilettes, carte des sentiers, dépliants historiques.

■ Le réseau

Le réseau de sentiers de randonnée pédestre compte cinq sentiers principaux, pour un total de 24 km. On y retrouve également quelques petits sentiers secondaires servant de raccourcis. Chacun porte le nom du sommet auquel il mène.

Le sentier Pain de sucre (5 km aller-retour) est un des plus fréquentés du Centre. La montée ne fait que 2,5 km, mais elle est passablement abrupte vers la fin. Les quelques sueurs occasionnées sont vite récompensées par la superbe vue (360°) que l'on obtient du sommet de ce «Pain de sucre» (416 m). On aperçoit la rivière Richelieu; on distingue le mont Saint-Bruno, le mont Royal et, si l'horizon est dégagé, on voit les Laurentides.

Les sentiers Rocky (4,8 km) et Sunrise (3,9 km) permettent d'effectuer une belle boucle de 8,7 km. Le sentier passe près du lac Hertel, petit lac peu profond servant de réservoir auxiliaire d'eau potable, monte lentement le col nord, puis devient un peu plus raide vers le sommet Rocky (396 m). De là, le sentier descend quelque peu, puis remonte vers le sommet Sunrise (407 m). Ensuite, le sentier zigzague dans la descente vers le lac Hertel et le pavillon des visiteurs.

Le sentier Dieppe (7 km aller-retour) est un peu plus long que celui du Pain de sucre, mais la pente y est plus douce, plus continue. Le sommet Dieppe (381 m) offre également une superbe vue sur toute la région avoisinante.

Le sentier Burned Hill (2,6 km aller-retour) permet d'atteindre le sommet situé juste à l'ouest du pavillon d'accueil. Tout au long de ce petit sentier d'auto-interprétation, on retrouve 15 panneaux d'interprétation portant sur la faune, la flore et les particularités de ce sentier. Au sommet de Burned Hill (305 m), si l'on monte sur le gros rocher, un beau point de vue est accessible.

Le canal de Chambly ★★

La ville de Chambly occupe un site privilégié en bordure de la rivière Richelieu, qui s'élargit à cet endroit pour former le bassin de Chambly. Celui-ci se trouve à l'extrémité des rapides qui entravaient autrefois la navigation sur la rivière, faisant du lieu un élément clé du système défensif de la Nouvelle-France.

Dès 1665, le régiment de Carignan-Salières, sous le commandement du capitaine Jacques de Chambly (1640-1687), y construit un premier fort de pieux pour repousser les Iroquois. En 1672, le capitaine de Chambly reçoit la seigneurie qui portera son nom.

Le randonneur se rendant à Chambly ne manquera pas la visite du **Lieu historique national du Fort Chambly** *(2 rue Richelieu,* ☎ *658-1585)*, considéré comme le plus important ouvrage militaire du Régime français qui soit parvenu jusqu'à nous. Construit entre 1709 et 1711, le fort remplaçait le premier fort de pieux et devait protéger la Nouvelle-France contre une éventuelle invasion anglaise. Le fort abrite un centre d'interprétation relatant l'importance stratégique de la rivière Richelieu au cours de l'histoire. À l'extérieur, la vue sur le bassin de Chambly est vraiment superbe.

■ Où, quand, comment?

Informations

Canal de Chambly, 1899 boulevard Périgny, Chambly, J3L 4C3, ☎ (514) 447-4837, ⇄ 658-0681.

Accès

Transports publics : du terminus Bonaventure (☎ 670-3422) ou du métro Longueuil, prendre l'autobus jusqu'à Chambly. Arrêt au fort de Chambly et marche jusqu'au canal (300 m). Voitures : pont Champlain et autoroute 10 jusqu'à la sortie Chambly. Route 35 vers Chambly (qui devient le boulevard Fréchette). À la rue de Bourgogne, tourner à droite, et continuer jusqu'au canal.

Frais :	aucuns.
Horaire :	tous les jours, du lever du soleil à 23 h.
Randonnée pédestre hivernale :	oui.
Autres activités :	vélo, pêche, ski de fond, raquette, patin.
Animaux domestiques :	admis, si en laisse.
Services :	stationnements, accueils, expositions, centre d'archives, aires de pique-nique, dépliants, randonnées guidées pour groupes (réservation, ☎ 658-2666).

■ **Le réseau**

Un sentier linéaire de 19 km s'y trouve. Cet ancien chemin de halage longe le canal de Chambly et relie la ville de Chambly à Saint-Jean-sur-Richelieu. Le sentier est polyvalent et suffisamment large pour accueillir ensemble marcheurs et cyclistes.

Le canal de Chambly fut inauguré en 1843, ce qui permit de contourner les rapides du Richelieu, facilitant ainsi le commerce entre le Canada et les États-Unis. Les marchandises étaient transportées sur des voiliers, des bateaux à vapeur ou des barges. La construction du canal prit près de sept ans et fut échelonnée en deux étapes (1831-1834 et 1841-1843). Il fut creusé à main d'homme par des centaines d'ouvriers (entre 500 et 1 000), qui y travaillaient jusqu'à 12 heures par jour.

Le sentier longe le canal, qui, lui-même, suit la rivière Richelieu, avec ses multiples séries de rapides. Le long du parcours, le randonneur peut examiner les éclusiers actionner, à l'aide de mécanismes manuels, les portes et les ponts des neuf écluses qui correspondent à une dénivellation graduelle de 22 m entre Chambly et Saint-Jean-sur-Richelieu. Plusieurs bâtiments historiques, dont des logettes (maisons du maître éclusier et du pontier), ainsi que des aires de pique-nique longent le canal. Le canal de Chambly est exclusivement réservé à la navigation de plaisance depuis 1973.

La Cidrerie artisanale Michel Jodoin ★

Située dans la plus grande région de pomiculture du Québec, la vallée du Richelieu, au pied de la montagne de Rougemont et tout à côté du village du même nom, la Cidrerie artisanale Michel Jodoin relève d'une tradition familiale de quatre générations, remontant à 1902.

Depuis 1980, Michel Jodoin exploite un immense verger de 12 ha, en s'efforçant de produire un cidre de qualité mettant en valeur les secrets d'antan à l'aide d'une technologie moderne. Vieilli en fût de chêne pendant plusieurs mois, le cidre artisanal met deux ans à acquérir le maximum de ses qualités, soit un subtil arôme fruitier, une couleur séduisante ainsi qu'un incomparable goût de terroir. En plus des cidres de facture ancestrale (12 % d'alcool), Michel Jodoin produit des cidres mousseux selon la méthode champenoise. Le mousseux rosé (7 % d'alcool) est fort apprécié des visiteurs.

Mais, en plus de faire visiter les chais, de s'informer sur la transformation de la pomme en cidre et de déguster les différentes cuvées, le visiteur a la chance de se dégourdir les jambes. Car, sur les terrains même de la cidrerie, se trouve un joli petit sentier de randonnée pédestre qui parcourt les vergers et la montagne de Rougemont.

■ **Où, quand, comment?**

Informations

Cidrerie artisanale Michel Jodoin, 1130 rang de la Petite Caroline, Rougemont, J0L 1M0, ☎ (514) 469-2676, ⇄ 469-1286.

Accès

Transports publics : terminus Berri-UQAM, autobus Voyageur (☎ 842-2281) jusqu'à Rougemont (matin et soir seulement). Prendre un taxi ou marcher jusqu'à la cidrerie (1,5 km). Autoroute 10, sortie 29. Route 133 Nord, puis route 112 Est jusqu'au village de Rougemont. Le rang Petite Caroline se prend via la rue principale.

Frais :	aucuns.
Horaire :	le sentier est accessible de mai à octobre, entre 8 h 30 et 17 h la semaine, et entre 10 h et 16 h la fin de semaine (heures prolongées durant l'été). La cidrerie est ouverte toute l'année.
Randonnée pédestre hivernale :	non.
Autres activités :	visite de la cidrerie, dégustation, forfaits et menus-dégustation composés de produits locaux (sur demande).
Animaux domestiques :	interdits.
Services :	stationnement, toilettes, tables à pique-nique, vente de cidre.

■ **Le réseau**

Un sentier, une petite boucle de 2 km, débute dans les vergers de la Cidrerie Michel Jodoin et grimpe sur le mont Rougemont. Un joli belvédère, aménagé à 220 m d'altitude, offre une superbe vue sur la vallée, sur les montagnes de l'Estrie et même jusqu'au Vermont.

Le Centre d'interprétation de la nature du lac Boivin ★★★

Certains petits parcs ou centres situés tout près d'une ville ne reçoivent malheureusement pas toute l'attention espérée. Tel le cordonnier mal chaussé, le randonneur prend souvent pour acquis que le centre situé tout à côté n'a rien à nous apprendre. Par chance, il y a de ces lieux de nature, tel le Centre d'interprétation de la nature du lac Boivin, où le bonheur, la découverte et l'émerveillement sont constamment renouvelés.

Au Centre d'interprétation de la nature du lac Boivin (CINLB), tout est mis en œuvre pour que le visiteur, ornithologue confirmé ou simple curieux, vive une expérience enrichissante avec les oiseaux de l'endroit.

Le CINLB couvre un terrain de 300 ha situé en banlieue de la municipalité de Granby, au bord du lac Boivin. Le centre a vu le jour en 1980 et, depuis ce temps, n'a cessé d'offrir de nouveaux sentiers de randonnée pédestre, de nouveaux postes d'observation ainsi qu'une grande variété de services.

L'attrait majeur du Centre est un imposant marais (125 ha) qui attire, grâce à ses plantes aquatiques, ses crustacés et son plancton, un grand nombre d'oiseaux aquatiques. Le marais sert de halte migratoire à plus d'une vingtaine d'espèces de canards et d'oies. L'endroit est d'ailleurs reconnu et très apprécié des ornithologues.

L'automne (septembre et octobre) constitue l'un des meilleurs moments de l'année pour l'observation d'oiseaux. Le visiteur est donc assuré de pouvoir y observer des canards. Les bernaches du Canada, que l'on nomme également oies sauvages ou outardes, les becs-scies couronnés, les sarcelles à ailes vertes et les siffleurs d'Amérique font partie des oiseaux les plus fréquemment observés à cette période de l'année. En tout, 250 espèces d'oiseaux ont été recensées, dont 120 qui nichent sur le territoire du centre!

Quant aux animaux observés, en plus du lièvre et du porc-épic, notons, entre autres, le rat musqué, le vison et le cerf de Virginie.

■ Où, quand, comment?

Informations

Centre d'interprétation de la nature du lac Boivin, 700 rue Drummond, Granby, J2G 8C7, ☎ (514) 375-3861, ⇄ 375-3736.

Accès

Transports publics : terminus Berri-UQAM, autobus Voyageur (☎ 842-2281) jusqu'à Granby (arrêt au Pétro-Canada, à l'angle de Saint-Charles et Saint-Jacques). Prendre l'autobus local (ligne principale) jusqu'à l'angle de Drummond et de Leclerc. Marcher sur Drummond jusqu'au Centre (10 min). Voitures : autoroute 10, sortie 74 vers Granby. Boulevard Pierre-Laporte, puis route 112 Ouest (rue Denison) jusqu'à la rue Church. Prendre à droite, jusqu'à la rue Drummond. À droite encore, et continuer jusqu'au Centre.

Frais :	aucuns.
Horaire :	Les sentiers sont accessibles du lever au coucher du soleil, tous les jours de l'année. Le pavillon d'accueil est ouvert à tous les jours, de 8 h 30 à 16 h 30.
Randonnée pédestre hivernale :	oui (13 km).
Autres activités :	exposition, activités spéciales (Pâques, Noël, etc.), conférences, concerts, festivals, classes nature, visites guidées, cours d'ornithologie (programme «À tire-d'aile»). Le Centre lance une invitation à ceux et celles qui voudraient s'impliquer bénévolement.
Animaux domestiques :	interdits.
Services :	stationnement, pavillon d'accueil, renseignements, salle d'exposition, carte des sentiers, brochures et dépliants, toilettes, eau, boutique de cadeaux (livres, artisanat, mangeoires, chandails, etc.), graines (alpiste, chardon, millet, tournesol, etc.).

■ Le réseau

Après avoir visité le pavillon d'accueil, admiré l'exposition en cours et discuté avec l'équipe de naturalistes fort sympathiques, le randonneur s'engage dans le réseau de sentiers de randonnée pédestre (13 km), impatient de découvrir le marais et tous ses secrets.

Le sentier La Prucheraie (1,3 km) mène au marais, où un nichoir d'une dizaine de mètres de hauteur permet une vue exceptionnelle sur le lac Boivin. En automne, des centaines de canards plongent ou barbotent, le postérieur en l'air et la tête sous l'eau, à la recherche de nourriture. Au loin, on distingue facilement les collines de Shefford et de Bromont.

Plus loin, le sentier mène à une cache sur pilotis, nommée «le butor», d'où l'on peut observer les oiseaux de très près. Ensuite, on pénètre dans une fascinante forêt de pruches centenaires, sombre et envoûtante. Si, par bonheur, vous avez emporté des graines (en vente également au pavillon d'accueil), les mésanges se feront un plaisir de venir manger dans votre main, sur votre épaule, et même sur votre tête!

Le sentier Le Marécage (900 m), avec sa jolie passerelle de 400 m, nous fait passer parmi les hautes plantes aquatiques et toute la vie grouillante qui s'y rattache. Les sentiers Les Ormes (1,8 km) et La Randonnée (5,9 km) conduisent, quant à eux, à travers champs, de l'autre côté du lac Boivin.

Le Centre de la nature de Farnham ★

La petite municipalité de Farnham, qui compte environ 6 000 habitants, est située tout juste à l'entrée de la région touristique de l'Estrie. D'ailleurs, beaucoup de visiteurs sont persuadés, à tort, que Farnham fait partie des terres agricoles de la Montérégie. Il faut dire que la superbe piste cyclable de 21 km qui relie Farnham à Granby, traversant six municipalités à vocation agricole, dont quelques-unes sont situées en Montérégie, a été nommée la «Montérégiade»!

La région de Farnham a été défrichée, en partie, par les colons américains qui fuirent les États-Unis lors de la guerre de l'Indépendance américaine. Ces colons qui restèrent fidèles à leur allégeance britannique reçurent le nom de loyalistes.

Le Centre de la nature de Farnham se trouve sur une bande de terre longeant la rivière Yamaska, ce qui lui donne l'allure d'une presqu'île, tant l'eau est ici omniprésente. Le Centre est un site fort populaire auprès des ornithologues, car il est reconnu comme étant un dortoir pour les oiseaux noirs. Les soirs d'été, c'est par milliers que les oiseaux (carouges, étourneaux, vachers, quiscales) viennent s'y rassembler afin de passer la nuit, offrant ainsi un spectacle fascinant.

■ **Où, quand, comment?**

Informations

Centre de la nature de Farnham, Ville de Farnham, 477 de l'Hôtel-de-Ville, Farnham, J2N 2H3, ☎ (514) 293-3178.

Accès

Transports publics : terminus Berri-UQAM, autobus Voyageur (☎ 842-2281) jusqu'à Farnham (restaurant Croque-Soleil, 244 rue Principale Est). Prendre un taxi, ou marcher jusqu'au Centre (3 km). Voitures : autoroute 10, sortie 55. Prendre la route 235 Sud jusqu'à Farnham, puis à gauche sur la rue Yamaska Est, et continuez jusqu'au bout.

Frais :	aucuns.
Horaire :	tous les jours, du lever au coucher du soleil.
Randonnée pédestre hivernale :	non.
Autres activités :	pêche, ski de fond.
Animaux domestiques :	interdits.
Services :	stationnement, toilettes, remise, aires de pique-nique, carte des sentiers, accessible aux personnes en fauteuil roulant, visites guidées (réservation), camp de jour.

■ **Le réseau**

Le réseau compte trois sentiers de randonnée pédestre, pour un total de 3 km. Le long des sentiers, des panneaux d'interprétation traitent des différents thèmes et attraits spécifiques au site (faune, flore, etc.).

Le sentier La Yamaska (1,4 km) fait le tour du Centre en longeant la rivière. Il passe par une aire de pêche aménagée, puis mène à une plate-forme surélevée, l'Observatoire, d'où la vue sur la rivière Yamaska est fort jolie. On y observe également le marécage, le sous-bois et l'érablière. Cette plate-forme constitue un lieu privilégié pour l'observation de bon nombre d'espèces d'oiseaux de rivages et de milieux humides. Un peu plus loin, le sentier nous conduit à un abri couvert, la Cache, d'où il est possible d'observer des canards, des tortues, des carpes, etc.

Le sentier Le Dortoir (0,5 km) traverse un jeune peuplement d'érables rouges et de bouleaux gris. C'est dans ce secteur qu'en été des milliers d'oiseaux noirs viennent passer la nuit, d'où le nom du sentier. À la fin de juillet, le Centre offre des visites nocturnes.

Le troisième sentier, L'Érablière (0,5 km), parcourt une érablière et une cédrière.

Le mont Saint-Grégoire ★★

Mont-Saint-Grégoire est un coquet petit village de 885 habitants entouré de fermes, d'érablières et de vergers qui en font sa renommée.

Le mont Saint-Grégoire, quant à lui, est une fort jolie petite colline de 250 m d'altitude qui surplombe la plaine montérégienne, à l'est de Saint-Jean-sur-Richelieu, dans le Haut-Richelieu. Le charme irrésistible de cette colline vient du fait qu'elle surgit au milieu d'une vaste région agricole, donnant ainsi l'impression d'être encore plus élevée qu'elle ne l'est, et qu'elle offre des points de vue tout à fait spectaculaires.

Comme le mont Saint-Grégoire repose sur des terrains privés, il a fallu attendre l'arrivée, en 1981, du Mouvement écologique du Haut-Richelieu, pour que cette colline puisse être fréquentée par les randonneurs et autres amants de la nature. Ainsi est né le Centre d'interprétation du milieu écologique (CIME), dans le but d'éduquer et de sensibiliser la population à la conservation du mont Saint-Grégoire.

Le CIME a donc obtenu les autorisations des propriétaires afin d'aménager différents sentiers de randonnée pédestre. Il veille également à l'entretien des sentiers et des panneaux d'interprétation, en plus d'offrir des randonnées guidées et des «écolocauseries», grâce à une équipe de guides naturalistes.

■ Où, quand, comment?

Informations

Centre d'interprétation du milieu écologique (CIME) du mont Saint-Grégoire, C.P. 343, Saint-Jean-sur-Richelieu, J3B 6Z5, ☎ (514) 346-0406.

Accès

Transports publics : terminus Bonaventure, prendre l'autobus (le Richelin, ☎ 359-6024) jusqu'à Saint-Jean-sur-Richelieu (au carrefour Richelieu). Prendre un taxi jusqu'au Centre (15 km). Voitures : autoroute 10 Est, sortie 22. Suivre l'autoroute 35 Sud jusqu'à la route 104, direction est. Après le village de Saint-Grégoire, prendre le chemin du Sous-Bois, à gauche. Le stationnement de CIME se trouve à droite.

Frais :	3 $ par voiture.
Horaire :	tous les jours de 9 h au coucher du soleil, de mai à novembre.
Randonnée pédestre hivernale :	non.
Autres activités :	randonnées guidées et «écolocauseries» pour groupes ($; réservation obligatoire). Cabane à sucre et camping à l'érablière Vasseur (☎ 514-346-3467), située juste en face du stationnement. Cueillette de pommes tout près du mont.
Animaux domestiques :	interdits.
Services :	stationnement, pavillon d'accueil, carte des sentiers (gratuit), tables à pique-nique. Toilettes, téléphone et casse-croûte à l'érablière Vasseur.

■ Le réseau

Le réseau compte cinq petits sentiers de randonnée pédestre totalisant 1,7 km. Malgré le faible kilométrage, le paysage est tout de même passablement diversifié. On y retrouve une très jolie érablière, une petite clairière, des amoncellements de roches, de bonnes pentes et un sommet dénudé.

Des rampes et des escaliers ont été aménagés dans les sections de sentiers un peu plus difficiles. Le sentier menant au sommet du mont Saint-Grégoire est court, mais demande un certain effort physique. D'ailleurs, c'est ici même que l'alpiniste Yves Laforest venait s'entraîner avant son départ pour l'ascension de l'Everest (mai 1991). Il devint ainsi le premier Québécois à fouler le sommet de la plus haute montagne du globe (8 846 m).

Une petite grotte, que l'on peut visiter en se penchant quelque peu, est située au début du sentier Le Panorama. Fort appréciée par les enfants, cette grotte est une halte obligatoire pour les groupes scolaires.

Le sommet du mont Saint-Grégoire est constitué de dalles rocheuses. Une vue exceptionnelle, plus de 180°, permet d'observer toute la beauté de la Montérégie, avec ses petits villages et ses vastes fermes. Au loin, on distingue les monts Saint-Bruno, Saint-Hilaire et Rougemont. Le mont Royal, le Stade olympique et les différents gratte-ciel de Montréal sont vite repérés à l'horizon.

À noter qu'il y a encore un autre sommet, un peu plus haut, mais que ce dernier n'est pas accessible aux randonneurs. On y retrouve une tour de communication, facilement identifiable.

Le Récré-O-Parc de Ville Sainte-Catherine

Situé en bordure de l'écluse de Sainte-Catherine, aux abords du fleuve Saint-Laurent, le Récré-O-Parc de Ville Sainte-Catherine offre un lieu de détente des plus rafraîchissants.

Avant que la banlieue ne la rejoigne, Sainte-Catherine, nommée en l'honneur de Kateri Tekakouitha (cette Amérindienne, née en 1656 dans l'État de New York, avait une mère chrétienne, qui la fit baptiser; toutefois, elle fut persécutée par ses congénères et dut s'enfuir à Kahnawake en 1677, où elle mena une vie pieuse et exemplaire jusqu'à sa mort, en 1680; béatifiée le 22 juin 1980, elle est la première Amérindienne en attente d'être canonisée), était essentiellement un lieu de villégiature. On venait s'y baigner à la plage locale et effectuer des balades le long du fleuve Saint-Laurent, en face des puissants rapides de Lachine.

■ Où, quand, comment?

Informations

Récré-O-Parc de Ville Sainte-Catherine, ☎ (514) 632-0590 ou 635-3011.

Accès

Le parc est situé sur le boulevard Marie-Victorin, à Sainte-Catherine. Transports publics : du terminus Bonaventure ou du métro Angrignon, prendre l'autobus (CIT Roussillon, ☎ 638-2031) jusqu'à Sainte-Catherine (arrêt à l'angle de Brébeuf et de Marie-Victorin). Voitures : pont Mercier et route 132 Est jusqu'à Sainte-Catherine, puis rue Centrale. Ou pont Champlain et route 132 Ouest jusqu'au boulevard Marie-Victorin, qui mène à l'écluse.

Frais :	aucuns.
Horaire :	tous les jours, de 8 h au coucher du soleil.
Randonnée pédestre hivernale :	oui.
Autres activités :	plage, vélo (piste cyclable), pêche, aires de jeux, ski de fond, raquette, patinage, glissade.
Animaux domestiques :	admis, si en laisse.
Services :	stationnement, restauration, toilettes.

■ **Le réseau**

Le réseau compte 1,5 km de sentiers de randonnée pédestre. La vue sur Montréal et ses gratte-ciel est superbe. Il est possible de distinguer les ponts Champlain, Victoria et Mercier. Le fleuve Saint-Laurent y est majestueux et omniprésent. L'écluse de Sainte-Catherine permet de contourner les infranchissables rapides de Lachine, visibles à l'ouest. La piste cyclable de la Voie maritime s'étend jusqu'à l'île Notre-Dame (parc des Îles).

Le Parc archéologique de la Pointe-du-Buisson ★★

Le Parc archéologique de la Pointe-du-Buisson est situé à 35 km de Montréal, dans la municipalité de Melocheville. Grâce à des écluses construites au début du siècle, cette petite municipalité de 2 000 habitants devint la porte d'entrée du canal de Beauharnois.

Le passé historique de la Pointe-du-Buisson remonte à 5 000 ans. À cette époque, les Amérindiens venaient à la Pointe-du-Buisson pour chasser, pêcher et cueillir des noix. Beaucoup plus tard, les voyageurs se rendant vers les Grands Lacs prirent l'habitude de faire une halte sur cette pointe. Au XIXᵉ siècle, la Pointe-du-Buisson était reconnue comme un site de festivités champêtres.

De nos jours, Pointe-du-Buisson est synonyme de site archéologique. De nombreux archéologues, entre autres de l'Université de Montréal, fréquentent ce site. Le passé amérindien de la pointe revit peu à peu,

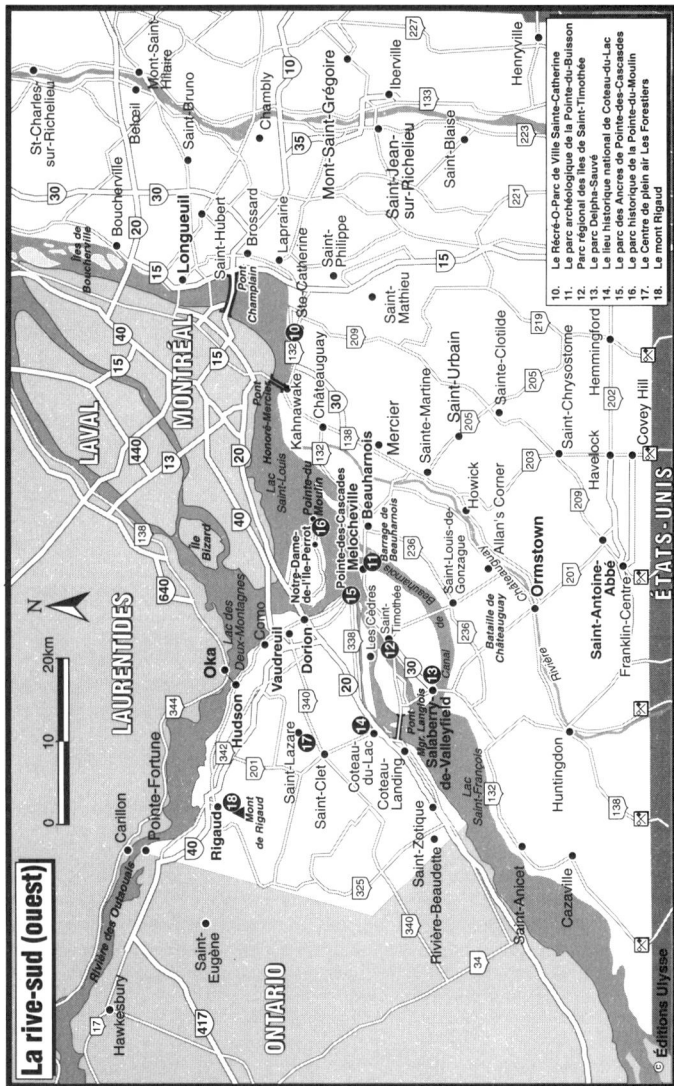

La rive-sud (ouest)

10. Le Récré-O-Parc de Ville Sainte-Catherine
11. Le parc archéologique de la Pointe-du-Buisson
12. Parc régional des îles de Saint-Timothée
13. Le parc Delpha-Sauvé
14. Le lieu historique national de Coteau-du-Lac
15. Le parc des Ancres de Pointe-des-Cascades
16. Le parc historique de la Pointe-du-Moulin
17. Le Centre de plein air Les Forestiers
18. Le mont Rigaud

© Éditions Ulysse

grâce aux divers objets retrouvés, notamment des pointes de flèche, des vases, des harpons et des foyers.

■ Où, quand, comment?

Informations

Parc archéologique de la Pointe-du-Buisson, 333 rue Émond, Melocheville, J0S 1J0, ☎ (514) 429-7857.

Accès

Transports publics : métro Angrignon, autobus Auger (☎ 699-2001) jusqu'à Melocheville (demander la 8ᵉ Avenue). Voitures : pont Mercier et route 132 Ouest jusqu'à Melocheville, puis rue Émond.

Frais :	adultes 3 $, de 6 à 17 ans 1,25 $, prix de groupes.
Horaire :	mi-mai à la fête du Travail, tous les jours, de 10 h à 17 h. En dehors de cette période, informez-vous auprès du parc.
Randonnée pédestre hivernale :	non.
Autres activités :	activités d'animation et visites commentées.
Animaux domestiques :	interdits.
Services :	stationnement, accueil, pavillon d'interprétation, toilettes, expositions, projections audiovisuelles, laboratoire, chantier de fouilles, programme pédagogique, aire de pique-nique, comptoir de souvenirs.

■ Le réseau

Le réseau compte 4 km de sentiers de randonnée pédestre. Le Parc archéologique de la Pointe-du-Buisson a une superficie de 22 ha. En plus d'être un site archéologique, il est également un espace écologique d'une grande richesse qui n'a subi aucune modification au fil des années. Il est ainsi interdit de quitter les sentiers ou de cueillir des plantes ou des champignons.

Le randonneur parcourt une érablière à caryer, vieille de plus de 150 ans, et longe de jolis marais où le roseau et la quenouille ont élu domicile. Plus de 40 espèces d'oiseaux fréquentent le parc.

Le Parc régional des îles de Saint-Timothée ★★

La municipalité de Saint-Timothée longe le fleuve Saint-Laurent sur plus de 15 km. Jadis, pour les navigateurs arrivant du lac Ontario, la portion du fleuve devant Saint-Timothée était considérée comme la plus dangereuse et la plus difficile. Les nombreux récifs et rapides étaient difficilement franchissables.

Depuis, des barrages ont été construits, détournant ainsi le fleuve Saint-Laurent et enclavant par le fait même les îles de Saint-Timothée. Maintenant plus paisibles, les îles de Saint-Timothée devinrent de plus en plus fréquentées par les amants de la nature de la région. Grâce à sa superbe plage sablonneuse et à la qualité de son eau, l'endroit fut surnommé «Les îles du sud... du Québec».

Le Parc régional des îles de Saint-Timothée offre une belle nature, des îles, une plage ainsi qu'une foule d'activités à ceux et celles qui ont envie de se rafraîchir. Parc familial par excellence, avec sa dizaine d'îles, il est une véritable oasis de verdure où conservation et récréation vont de pair.

L'attrait majeur du parc est sans contredit sa magnifique plage sablonneuse, située tout près du chalet. Pouvant accueillir 1 500 personnes, celle-ci est très propre et bien entretenue. L'eau du fleuve y est étonnamment claire et invitante. Obtenant toujours la meilleure cote, c'est-à-dire «A», la qualité de l'eau est assurée par la régulation des eaux effectuée par Hydro-Québec.

Afin d'assurer la tranquillité de tous, les responsables du parc ont eu la brillante idée de n'accepter que les radios munis d'écouteurs.

La pratique des sports nautiques (canot, kayak, pédalo) et la pêche attirent bon nombre de visiteurs. Des animateurs proposent différents ateliers et jeux aux tout-petits. Pour les adultes, diverses soirées où il est question d'astronomie, d'interprétation de la nature, d'ornithologie ou d'histoire régionale sont organisées. Dans le chalet, l'exposition historique «Saint-Timothée, en passant par le fleuve» est présentée.

■ Où, quand, comment?

Informations

Parc régional des îles de Saint-Timothée, 240 rue Saint-Laurent, Saint-Timothée, ☎ (514) 377-1117, ⇄ 371-4771 (adresse postale : 88, rue Saint-Laurent, Saint-Timothée, J0S 1X0).

Accès

Transports publics : métro Angrignon, autobus Auger (☎ 699-2001) jusqu'à Saint-Timothée. Voitures : deux choix : 1- auporoute 20 Ouest, sortie 14, direction Salaberry-de-Valleyfield, et pont Mgr Langlois jusqu'à la route 132; à gauche sur la route 132 jusqu'au panneau d'indication du parc (rue Saint-Laurent); 2- pont Mercier et route 132 ouest, direction Valleyfield; à Saint-Timothée, prendre à droite sur la rue Saint-Laurent.

Frais :	stationnement et navette vers la plage (gratuits). Durant les semaines où la plage est ouverte, des droits d'entrée sont exigés : adultes 6 $, âge d'or 3,50 $, de 12 à 17 ans 3,50 $, de 6 à 11 ans 1 $.
Horaire :	le parc est ouvert entre 6 h et 22 h. Le chalet est ouvert entre 8 h et 19 h en été, et entre 9 h et 21 h en hiver.
Randonnée pédestre hivernale :	oui (1 km).
Autres activités :	baignade, aires de récréation, pétanque, pique-nique, sentier d'hébertisme, volley-ball, astronomie, interprétation de la nature, animation (ateliers, jeux), patin à roues alignées, pêche, pédalo, canot, kayak.
Animaux domestiques :	en laisse dans le parc, mais interdits à la plage.
Services :	chalet de service avec casse-croûte (menu-santé), toilettes, aires de pique-nique, location d'embarcations (canot, kayak, pédalo), pavillon d'accueil pour les gens du troisième âge, rampe de mise à l'eau, stationnement, service de navette vers la plage, carte du parc.

■ **Le réseau**

Le parc offre 7 km de sentiers de randonnée pédestre. Le long des sentiers, le randonneur pourra observer 30 espèces d'arbres, 35 espèces d'arbustes et plus de 150 plantes herbacées. Toutes les îles du parc sont parsemées de micocouliers, arbres rares au Québec.

Parmi les 90 espèces d'oiseaux observées dans le parc, on retrouve le grand héron, l'oriole du nord ainsi que le pic flamboyant.

Près de la plage, sur l'île Papineau, de petits sentiers parcourent une érablière à caryer. Des panneaux d'interprétation renseignent sur la flore et la faune du parc (herbe à puce, érablière, marais; marmotte). Plus à l'est, c'est «La vie dans le bassin» qui est présentée.

En passant sur le petit pont menant à l'île des Frères, l'église de Saint-Timothée, située de l'autre côté de la rivière Saint-Charles, se révèle dans toute sa splendeur. L'île des Frères est une zone de conservation où la végétation est très dense, ce qui a pour effet de nous rafraîchir par un chaud soleil de juillet.

Le parc Delpha-Sauvé

Le parc Delpha-Sauvé est situé au centre de la ville de Salaberry-de-Valleyfield (28 000 hab.), ville industrielle née vers 1845 autour d'un moulin à scie et à papier, et racheté quelques années plus tard par la Montreal Cotton Company. Ville devenue prospère à la fin du XIXe siècle, son vieux noyau commercial et institutionnel de la rue Victoria témoigne de cette période faste. Le vieux canal de Beauharnois traverse la ville.

■ **Où, quand, comment?**

Informations

Parc Delpha-Sauvé, municipalité de Salaberry-de-Valleyfield, ☎ (514) 370-4390.

Accès

Transports publics : métro Angrignon, autobus Auger (☎ 699-2001)
jusqu'à Salaberry-de-Valleyfield. Voitures : autoroute 20, sortie 14;
prendre la route 201 jusqu'à Salaberry-de-Valleyfield. L'entrée du parc
est située sur la rue Victoria.

Frais :	aucuns.
Horaire :	tous les jours, du lever au coucher du soleil.
Randonnée pédestre hivernale :	oui.
Autres activités :	vélo (piste cyclable), baignade, tennis, canot, pédalo, ski de fond.
Animaux domestiques :	admis, si en laisse.
Services :	stationnement, casse-croûte, toilettes, location d'embarcations (canots, pédalos), croisières (☎ 1-800-361-6420),promenade en petit train (☎ 514-377-4133), Écomusée des Deux-Rives (☎ 514-371-6772).

■ Le réseau

Le réseau de sentiers de randonnée pédestre fait un peu plus de 1 km.
Le parc Delpha-Sauvé, situé sur la baie Saint-François, a été créé de
toutes pièces, selon les plans de l'architecte paysagiste Frederic Todd,
lors de la construction du premier **canal de Beauharnois**, en 1845. Il ne
faut pas confondre le vieux canal de Beauharnois, en opération de
1845 à 1899, avec l'actuel canal de Beauharnois, qui passe au sud de
la ville. Le visiteur peut d'ailleurs parcourir le vieux canal, en canot ou
en pédalo (location), en toute sécurité.

Comme le parc a été créé artificiellement, on y retrouve plus de grands
espaces dégagés que de milieux boisés. L'eau y est partout présente,
le parc étant aménagé sur une langue de terre longue de 2 km, située
entre le canal et la baie de Saint-François, dans laquelle il avance. C'est
ici que se tiennent, chaque été, les célèbres Régates internationales.

À l'intérieur du parc, une immense piscine accueille les baigneurs, alors
que l'**Écomusée des Deux-Rives** *(rue Ellice)* nous raconte l'histoire de
la région, en particulier la vie ouvrière au tournant du XXe siècle.

Le parc Delpha-Sauvé a hérité de l'ancienne *Roto-Balade* de l'Expo 67,
ce petit train qui permet de parcourir le site sans se chauffer les
semelles. Par une chaude journée d'été, une petite croisière

commentée nous procure également un peu d'air frais, tout en nous en apprenant davantage sur le canal Beauharnois, le canal Soulanges et le lac Saint-François.

Le Lieu historique national de Coteau-du-Lac ★★

Le Lieu historique national de Coteau-du-Lac n'offre peut-être pas de longs sentiers aux randonneurs; par contre, il présente une quantité incroyable de renseignements sur le passé historique de ce coin de pays baigné par le fleuve Saint-Laurent. Coteau-du-Lac représentait alors un obstacle majeur, en raison des tumultueux rapides, pour l'avancée des hommes et des marchandises vers l'ouest et les Grands Lacs.

En fait, le passé historique de Coteau-du-Lac, situé au confluent de la rivière Delisle et du fleuve Saint-Laurent, remonte à plus de 5 000 ans avant notre ère. Des traces d'établissements préhistoriques ont révélé aux archéologues une fréquentation du site à cette époque lointaine.

Lorsque les Français sont venus s'installer en Nouvelle-France, au XVIIe siècle, ils utilisèrent d'abord le canot, facilement manœuvrable et permettant le portage, afin d'explorer le fleuve Saint-Laurent. Mais, au siècle suivant, ils se servirent de plus gros bateaux, pouvant transporter plus de marchandises. Ces bateaux ne pouvaient pas franchir les rapides de Coteau-du-Lac, l'endroit le plus étroit et le plus tumultueux entre les lacs Saint-Louis et Saint-François.

Afin d'éviter les rapides, on creusa d'abord un «rigolet» (petit couloir de navigation), puis, en 1780, les autorités britanniques firent creuser le premier canal à écluses en Amérique du Nord, celui de Coteau-du-Lac, long de 275 m et large de 2,13 m. Trois années plus tard, on ouvrit de petits canaux au Rocher Fendu, au Trou-du-Moulin et à la Faucille, formant ainsi le premier système de canalisation sur le fleuve Saint-Laurent.

C'est en 1812 que le site de Coteau-du-Lac devient une véritable fortification. Important poste militaire, le site de Coteau-du-Lac est un emplacement stratégique lors de la guerre de 1812 contre les Américains. Une imposante fortification, des bâtiments défensifs et un blockhaus rendent le site moins vulnérable.

Le canal connut, par la suite, une intense période d'utilisation commerciale, jusqu'en 1845, année d'ouverture du canal de Beauharnois, beaucoup plus grand.

■ **Où, quand, comment?**

Informations

Lieu historique national de Coteau-du-Lac, 308 A chemin du Fleuve, Coteau-du-Lac, J0P 1B0, ☎ (514) 763-5631, ⇄ 763-1654.

Accès

Transports publics : terminus Berri-UQAM, autobus Voyageur (☎ 842-2281) jusqu'à Coteau-du-Lac. Voitures : autoroute 20, sortie 17.

Frais :	adultes 2,50 $, aînés 2 $, enfants 1,25 $. Également : tarif de groupe ou de famille et passe de saison.
Horaire :	tous les jours, de la mi-mai à la mi-octobre, de 9 h à 17 h.
Randonnée pédestre hivernale :	non.
Autres activités :	visite du jardin archéologique et de l'exposition thématique.
Animaux domestiques :	interdits.
Services :	stationnement, toilettes, accueil, centre d'interprétation, vente de souvenirs, accueil de groupes (scolaires, aînés, etc.), animation, guides-interprètes, carte des sentiers, brochures, panneaux explicatifs.

■ **Le réseau**

Le réseau de sentiers de randonnée pédestre est tout petit, environ 1 km, mais offre de nombreux points d'intérêt à saveur historique ainsi que de superbes points de vue sur le fleuve Saint-Laurent.

La visite débute au centre d'accueil, où une maquette du site est présentée. Le visiteur peut demander le petit guide du parcours du site, où huit stations numérotées sont présentées.

Le parcours permet de découvrir le toit-terrasse, le bois, le canal «rigolet», le canal principal, le superbe blockhaus (tour octogonale), le bastion en forme de trèfle, les vestiges de l'entrepôt nord ainsi que les vestiges de la caserne. Le long des sentiers, des reproductions en forme de silhouettes humaines, des panneaux explicatifs et des objets moulés, montés sur des stèles de béton, agrémentent la balade.

Le parc des Ancres de Pointe-des-Cascades ★

Pointe-des-Cascades, un petit village de 700 habitants, est situé à l'extrémité sud-est du comté de Vaudreuil-Soulanges et à seulement 6 km de Dorion. Au confluent du fleuve Saint-Laurent et de la rivière des Outaouais, Pointe-des-Cascades était autrefois liée à la navigation fluviale entre le lac Saint-Louis et le lac Saint-François.

Entre ces deux lacs, le fleuve Saint-Laurent y est très étroit et comporte trois brusques dénivellations, sur une distance de 20 km, que sont les rapides de Pointe-des-Cascades, Les Cèdres et Coteau-du-Lac. La dénivellation entre les deux lacs est de 25,6 m.

Afin de pouvoir naviguer convenablement avec des bateaux de plus en plus gros, les Français ont creusé des «rigolets» (1740-1750), puis les Anglais ont ouvert différents canaux aux rapides La Faucille, Le Trou, du Rocher-Fendu, Les Cèdres et Coteau-du-Lac, à partir de 1779. Le canal des Cascades fut réalisé en 1805, afin de remplacer les canaux de La Faucille et Le Trou.

En 1845, l'ouverture du canal de Beauharnois, plus au sud, mit un terme à l'activité intense de ces canaux. Mais, à partir de 1899, la région connut un second souffle, grâce au canal de Soulanges, long de 22 km et passant dans le village de Pointe-des-Cascades. Cette période dura jusqu'en 1959, année d'ouverture de la Voie maritime du Saint-Laurent, intégrant le canal de Beauharnois.

Situé au cœur même du village de Pointe-des-Cascades, le musée du parc des Ancres présente une collection unique d'ancres et de pièces de navires découvertes dans les rapides entre les lacs Saint-Louis et Saint-François.

■ **Où, quand, comment?**

Informations

Parc des Ancres de Pointe-des-Cascades, Société de recherches historiques de Pointe-des-Cascades, 52 chemin du Fleuve, Pointe-des-Cascades, J0P 1M0, ☎ (514) 455-3414 ou 455-5310.

Accès

Le parc des Ancres est situé au 76 chemin du Canal. Transports publics : terminus Berri-UQAM, autobus Voyageur (☎ 842-2281) jusqu'à Pointe-des-Cascades. Voitures : autoroute 20, sortie Dorion. Emprunter la route 338 jusqu'à Pointe-des-Cascades (à 6 km de Dorion).

Frais :	aucuns.
Horaire :	ouvert en tout temps (le musée est ouvert du 25 mai au 1er octobre).
Randonnée pédestre hivernale :	non.
Autres activités :	vélo (une piste cyclable passe dans le parc).
Animaux domestiques :	admis, si en laisse.
Services :	stationnement, aires de pique-nique, musée, carte du parc, brochure historique, panneaux d'interprétation.

■ Le réseau

La municipalité de Pointe-des-Cascades est sur le point d'aménager de véritables sentiers de randonnée pédestre. Mais, pour l'instant, la marche le long de la piste cyclable du canal de Soulanges est tolérée. Il est ainsi possible de marcher sur 6 km de sentier.

Le parc des Ancres, situé en bordure d'une écluse du canal de Soulanges, présente une cinquantaine de plaques interprétant la navigation sur le Haut-Saint-Laurent. On y retrouve des ancres à jas, certaines datant du XVIIIe siècle, des ancres à bascule, ainsi que des ancres originales, fabriquées pour des applications particulières. On peut également y admirer diverses pièces de bateaux (bouées, hélices, gouvernails, chaînes), une stèle, ainsi qu'un obélisque, taillé dans un morceau de chêne, découvert au fond des rapides. De petites passerelles permettent de franchir le canal et d'observer les portes de l'écluse.

Le musée relate l'histoire mouvementée de la navigation sur le fleuve Saint-Laurent, entre les lacs Saint-Louis et Saint-François, en plus d'informer le visiteur sur l'hydrographie complexe de cette région du Québec.

Le Parc historique de la Pointe-du-Moulin ★★

Le Parc historique de la Pointe-du-Moulin est situé à l'extrémité est de l'île Perrot, où le fleuve Saint-Laurent rejoint le lac Saint-Louis.

L'île Perrot tire son nom du premier propriétaire de l'île, François-Marie Perrot (1644-1691). Celui-ci fut gouverneur de Montréal dès l'âge de 25 ans. C'est en 1672 qu'il se vit concéder l'île qui porte maintenant son nom. Grâce à cette île, il devint vite prospère, car il avait la chance de commercer avec les Amérindiens, avant que ceux-ci parviennent à Montréal, rendant ainsi furieux les marchands de Montréal. À la suite de nombreuses plaintes portées contre lui, François-Marie Perrot fut remplacé comme gouverneur en 1684, puis démis de ses fonctions trois ans plus tard. Il vendit finalement l'île à Charles LeMoyne, en 1687, et mourut quelques années plus tard, à l'âge de 47 ans.

■ **Où, quand, comment?**

Informations

Parc historique de la Pointe-du-Moulin, 2500 boulevard Don-Quichotte, Notre-Dame-de-l'Île-Perrot, J7V 7P2, ☎ (514) 453-5936.

Accès

Transports publics : terminus Berri-UQAM, autobus Voyageur (☎ 842-2281) jusqu'à l'île Perrot (arrêt sur l'autoroute 20). Prendre un taxi jusqu'au parc (10 km). Voitures : autoroute 20 jusqu'à l'île Perrot. Empruntez le boulevard Don-Quichotte jusqu'à l'extrémité de l'île. Le parc est à 10 km de l'autoroute 20.

Frais :	aucuns.
Horaire :	tous les jours (mi-mai à fin août), du lever au coucher du soleil, et les fins de semaine de septembre et d'octobre.
Randonnée pédestre hivernale :	oui.
Autres activités :	visite de bâtiments historiques.
Animaux domestiques :	interdits.
Services :	stationnement, accueil, casse-croûte, toilettes, visites guidées, interprétation de la nature, expositions interactives, aires de pique-nique.

■ **Le réseau**

Le réseau compte 2,5 km de sentiers de randonnée pédestre, dont un sentier d'interprétation de la nature, avec panneaux. La Pointe-du-Moulin, qui avance dans les eaux du lac Saint-Louis, offre de superbes points de vue sur le fleuve Saint-Laurent et, par temps clair, sur le centre-ville de Montréal. Par les chaudes journées d'été, le vent qui y souffle est toujours le bienvenu. On s'y sent à la campagne, au bord de l'eau, dans un paysage champêtre qui fait oublier la ville, pourtant si proche.

Le Parc historique de la Pointe-du-Moulin est grouillant d'animation. La visite du moulin à vent, construit en 1708 par Joseph Trottier, sieur Desruisseaux, permet d'observer le meunier activant les ailes du moulin; la meunière, pour sa part, prépare le pain à la maison du meunier. Des guides expliquent le fonctionnement du moulin, qui, d'ailleurs, fonctionne toujours, ainsi que l'histoire des lieux. En été, des comédiens, des artisans et des marionnettes géantes font revivre la vie quotidienne traditionnelle à l'époque du XVIIIᵉ siècle (fins de semaine).

Le Centre de plein air Les Forestiers ★★

Le Centre de plein air Les Forestiers se trouve à 35 km à l'ouest de Montréal, dans la municipalité de Les Cèdres (comté de Vaudreuil-Soulanges). À une demi-heure en voiture de Montréal, ce centre de plein air, aménagé dans des anciennes carrières de sable, a beaucoup à offrir aux amants de la nature et mérite d'être mieux connu des amateurs d'activités de plein air.

L'objectif premier du Centre est d'éduquer et de divertir en offrant des activités de plein air. Ainsi, que l'on soit à pied, à vélo de montagne, à cheval, à skis de fond ou même en motoneige, le Centre de plein air Les Forestiers demeure un site fort agréable à parcourir et où tous les utilisateurs se vouent mutuellement un grand respect. Au fil des années, le Centre Les Forestiers est devenu un endroit où la petite famille se sent aussi à l'aise que le sportif de haut niveau qui vient s'y entraîner à skis de fond ou à vélo de montagne.

L'histoire de cet immense terrain de jeu (1 700 ha) est marquée par la présence de l'homme. Il y a très longtemps, on y effectua une coupe à blanc. Comme le terrain est très sablonneux, cette coupe produisit un désastre. Au fil des intempéries, des rigoles ont creusé des ravins, produisant une multitude de vallons sur ce terrain plat. Plus tard, vers les années trente, de nombreuses transplantations d'espèces d'arbres ont redonné vie à ce petit désert. En tout, une quarantaine d'essences ont été transplantées, dont le pin blanc, le pin rouge, le pin gris, le chêne, l'épinette de Norvège, l'épinette noire, l'épinette blanche, etc.

Le site boisé, devenu une forêt mature au relief accidenté, a été remarqué par Alex MacLean, professeur d'éducation physique dans la région. Profitant de ce vaste terrain de jeu exceptionnel, MacLean y initie ses élèves à la randonnée pédestre, à la course à pied, au ski de fond ainsi qu'à diverses activités de plein air. Peu après, le Centre Les Forestiers vit le jour, créé à l'instigation de la Commission scolaire des Trois Lacs. Le Centre est sous l'égide d'une société intermunicipale regroupant les municipalités de Saint-Lazare, de Les Cèdres et de Saint-Clet. Les larges sentiers du Centre ont été aménagés grâce à la collaboration des élèves de l'école de machinerie lourde, située à proximité.

■ Où, quand, comment?

Informations

Centre de plein air Les Forestiers, 1677 chemin Saint-Dominique, Les Cèdres, J0P 1L0, ☎ (514) 452-4736 ou 455-6771, ⇄ (514) 452-2513.

Accès

Transports publics : terminus Berri-UQAM, autobus Voyageur (☎ 842-2281) jusqu'à Les Cèdres. Prendre un taxi jusqu'au parc (10 km). Voitures : autoroute 40, puis autoroute 540, en direction de Toronto. Sortie n°3; empruntez la route 340 Ouest jusqu'au chemin Saint-Dominique, où vous tournerez à droite.

Frais :	adultes 7 $, de 13 à 18 ans, étudiants et aînés 5 $, familles 21 $. Également abonnement individuel ou familial.
Horaire :	tous les jours, de 8 h 30 à 17 h.
Randonnée pédestre hivernale :	oui.
Autres activités :	vélo de montagne, équitation (club équestre,☎ 458-7447, M. McGee), ski de fond, patin, glissade, raquette.
Animaux domestiques :	interdits (il y a un sentier canin juste à côté du centre; ☎ 458-5910, Mme Pearce).
Services :	stationnement, casse-croûte, accueil, grande salle, toilettes, carte des sentiers,

refuges, camp de jour, camp séjour,
journée avec animation (groupes), école de
ski, location, garderie (fin de semaine).

■ Le réseau

Le réseau compte neuf sentiers de randonnée pédestre, variant de
1 km à 13 km, pour un total de 53 km. Ils sont larges à souhait et
parcourent un relief assez accidenté. Les sentiers, qui accueillent
également les vélos de montagne (niveau de difficulté très élevé) et les
chevaux, sont généralement sablonneux, mais offrent parfois un tapis
d'aiguilles de pin.

Les sentiers forment des boucles. Il est cependant facile de revenir au
point de départ en empruntant des raccourcis. Le long des sentiers, le
randonneur traverse trois ravins (Pilon, Lafrance et Saurault) et autant
de ruisseaux. Différents types de forêts, dont une superbe pinède mi-
centenaire, agrémentent les parcours et offrent un peu d'ombre lors
des chaudes journées d'été.

Le mont Rigaud ★★

La municipalité de Rigaud, qui compte quelque 2 500 habitants, est
célèbre, en raison de son sanctuaire Notre-Dame-de-Lourdes, qui
accueille, depuis plus de 120 ans, des milliers de pèlerins. Ce coin de
pays du Suroît, situé sur la rive sud de l'Outaouais, à seulement
quelques kilomètres de l'Ontario, abrite également une magnifique
montagne nommée simplement «mont Rigaud» (220 m).

Le mont Rigaud est fréquenté depuis le début du XIXᵉ siècle. En 1840,
la montagne était sillonnée de plusieurs sentiers, notamment dans le
secteur appelé «Sommet de la croix», où une croix fut installée dans
ce temps-là. En 1850, les étudiants du collège Bourget parcourent la
montagne lors d'activités scientifiques et éducatives. Au fil des années
suivantes, bon nombre de botanistes, biologistes, géologues et
ornithologues fréquentent ce site exceptionnel.

Un projet de réserve écologique sur le mont Rigaud (1977), de même
qu'un projet de faire de la montagne un parc provincial (1981), ne
virent jamais le jour. En 1989 est créée l'Association pour la protection
de l'environnement de Rigaud (APER, ☎ 451-5726), qui vise à faire
l'acquisition du secteur du Sommet de la croix, dans le but d'en
assurer une protection permanente, pour ensuite le mettre en valeur
afin d'en permettre l'accès à tous.

Ce mont se différencie des autres montagnes de la région métropolitaine par le fait qu'il n'appartient pas à la même formation géologique. Il s'apparente davantage au massif des Laurentides. Surplombant la plaine de quelque 150 m, la montagne comporte des falaises, un plateau central et des bas versants.

Le mont Rigaud témoigne d'un phénomène géomorphologique des plus intéressants. Il s'agit d'un dépôt glaciaire de till délavé, que l'on retrouve au bas du Sommet de la croix, près du sanctuaire. Cette accumulation de pierres plus ou moins arrondies, ressemblant à un champ de patates, est étudiée par des scientifiques depuis bon nombre d'années et a donné naissance à la légende du «Champ du diable».

Il est situé dans la zone considérée comme la plus chaude au Québec. On y retrouve donc une flore et une faune des plus variées. On y dénombre plus de 700 plantes vasculaires. Une trentaine d'espèces de mammifères, dont le cerf de Virginie, le renard roux et le coyotte, fréquentent les lieux. Site ornithologique reconnue comme étant un des plus riches au Québec, le mont Rigaud abrite près de 250 espèces d'oiseaux, dont 150 qui y nichent.

■ Où, quand, comment?

Informations

Municipalité de Rigaud, 102 Saint-Pierre, Rigaud, J0P 1P0, ☎ (514) 451-4131 ou 451-5107.

Accès

Le stationnement principal est situé au 240 chemin de la Mairie. Transports publics : train de banlieue Montréal-Rigaud (☎ 288-6287) ou autobus; terminus Berri-UQAM, autobus Voyageur (☎ 842-2281) jusqu'à Rigaud. Prendre un taxi jusqu'au parc (10 km). Voitures : autoroute 40, sortie 17. Route 201 jusqu'au chemin de la Mairie, où l'on tourne à droite.

Frais :	aucuns.
Horaire :	tous les jours, du lever au coucher du soleil.
Randonnée pédestre hivernale :	non.
Autres activités :	équitation, ski de fond.
Animaux domestiques :	interdits.

Services :   stationnement, carte des sentiers.

■ **Le réseau**

Le réseau compte actuellement trois sentiers de randonnée pédestre, pour un total de 16,4 km. Le sentier La foulée du cerf (11,6 km) débute au chemin de la Mairie, puis se termine au chemin Saint-Georges. Ce sentier est considéré comme difficile. Les deux autres, L'aventure douce (3,7 km) et La cavale (1,1 km), débutent au chemin Saint-Georges et sont faciles.

À noter que la municipalité de Rigaud a élaboré un plan des sentiers de randonnée intitulé *L'escapade*. Ainsi, pour l'année 1996, on prévoit pouvoir offrir 10 km de sentiers additionnels. Au fil des prochaines années, c'est tout le réseau qui sera ainsi réaménagé et rouvert au public. Il est même prévu que deux stationnements soient accessibles, l'un au parc municipal et l'autre au sanctuaire Notre-Dame-de-Lourdes, permettant ainsi des randonnées au Sommet de la croix.

Comme les anciens sentiers sont presque tous situés sur des terrains privés, il est primordial que le randonneur soit respectueux et se concentre sur les sentiers qui lui sont désignés.

LECTURES RECOMMANDÉES

BANNON, Pierre, *Où et quand observer les oiseaux dans la région de Montréal*, Montréal, éditions Société québécoise de protection des oiseaux et Centre de conservation de la faune ailée de Montréal, 1991, 361 p.

BLONDEAU, Nicole, *Partir du bon pied, Une introduction à la marche*, éditions Bipède, 1995, 51 p.

DAVID, Normand, *Les meilleurs sites d'observation des oiseaux au Québec*, éditions Québec Science, 1990.

ÉTIENNE, Jean-Louis, *Médecine et sports de montagne*, Paris, éditions Favre, 1990, 157 p.

IPAQ, *Du pique-nique à l'expédition, guide d'alimentation en plein air*, Rivière-du-Loup, Institut du plein air québécois, 1986, 224 p.

LÉVESQUE, Daniel, *La marche sportive*, Laval, éditions Guy Saint-Jean, 1990, 451 p.

OUELLET, Yves et Hélène Philion, *La grande cuisine des petits campements*, Laval, éditions Guy Saint-Jean, 1994, 120 p.

PETERSON, Roger Tory, *Les oiseaux de l'est de l'Amérique du Nord*, éditions Broquet, 1994, 387 p.

PONCET, Dominique, *Marcher et courir pour être en forme*, Paris, éditions RETZ-C.E.P.L., 1978, 191 p.

RÉMILLARD, François, *Montréal* (guide de voyage Ulysse), éditions Ulysse, 1996, 350 p.

UQCN, *Guide des milieux humides du Québec*, éditions FrancVert, 1993, 217 p.

Principaux magazines traitant de randonnée pédestre

- **Marche**, de la Fédération québécoise de la marche, ☎ (514) 252-3157.

- **Géo Plein Air**, le magazine québécois de l'aventure, ☎ (514) 521-8356.

- **Espaces**, plein air, voyages et découvertes, ☎ (514) 524-4569.

Réponses au jeu-questionnaire de la p 20.

1- Vrai	16- Vrai
2- Vrai	17- Faux
3- Faux	18- Vrai
4- Vrai	19- Vrai
5- Faux	20- Faux
6- Vrai	21- Faux
7- Vrai	22- Vrai
8- Faux	23- Vrai
9- Faux	24- Vrai
10- Vrai	25- Vrai
11- Vrai	26- Faux
12- Faux	27- Vrai
13- Faux	28- Faux
14- Faux	29- Vrai
15- Vrai	30- Faux

INDEX

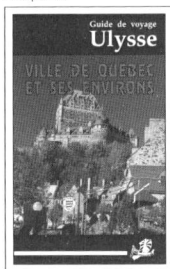

■ **GUIDES DE VOYAGE ULYSSE**

☐ Arizona et Grand Canyon	24,95 $
☐ Balades gourmandes autour de Montréal	12,95 $
☐ Boston	14,95 $
☐ Côte d'Azur - Alpes-Maritimes - Var	24,95 $
☐ Costa Rica	24,95 $
☐ Cuba	22,95 $
☐ Disney World	22,95 $
☐ Équateur	24,95 $
☐ Floride	29,95 $
☐ Gaspésie Bas-Saint-Laurent Îles-de-la Madeleine	22,95 $
☐ Gîtes du Passant au Québec	11,95 $
☐ Guadeloupe	24,95 $
☐ Honduras	24,95 $
☐ Jamaïque	22,95 $
☐ Le Québec	29,95 $
☐ Louisiane	24,95 $
☐ Martinique	24,95 $
☐ Mexique Côte Pacifique	24,95 $
☐ Montréal en métro	14,95 $
☐ Montréal	22,95 $
☐ Nouvelle-Angleterre	29,95 $
☐ Ontario	24,95 $
☐ Ouest canadien	24,95 $
☐ Panamá	24,95 $
☐ Plages de la côte est de la Floride	12,95 $
☐ Plages de Nouvelle-Angleterre et Boston	19,95 $
☐ Portugal	24,95 $
☐ Provence	24,95 $
☐ Provinces maritimes	24,95 $
☐ République Dominicaine	24,95 $
☐ Saguenay - Lac St-Jean - Charlevoix	22,95 $
☐ El Salvador	22,95 $

☐ Toronto	14,95 $
☐ Vancouver	14,95 $
☐ Venezuela	22,95 $
☐ Ville de Québec et environs	22,95 $

■ **ULYSSE PLEIN SUD**

☐ Cape Cod - Nantucket - Martha's Vineyard	12,95 $
☐ Carthagène	9,95 $
☐ Isla Margarita	9,95 $
☐ Montelimar - Nicaragua	9,95 $
☐ Les plages du Maine	12,95 $
☐ Puerto Plata-Sosua-Cabarete	9,95 $
☐ Varadero	9,95 $
☐ Saint-Barthélemy	9,95 $
☐ Saint-Martin	9,95 $

■ **ESPACES VERTS ULYSSE**

☐ Motoneige au Québec	19,95 $
☐ Nouvelle-Angleterre à vélo	19,95 $
☐ Randonnée pédestre dans le Nord-Est des États-Unis	19,95 $
☐ Randonnée pédestre Montréal et environs	19,95 $
☐ Randonnée pédestre au Québec	19,95 $
☐ Ski de fond au Québec	19,95 $

■ **JOURNAUX DE VOYAGE ULYSSE**

☐ Journal de voyage Ulysse	16,95 $
☐ Journal de voyage Ulysse 80 jours	
(couvert souple)	12,95 $
(couvert rigide)	16,95 $
☐ Journal de voyage Ulysse (spirale)	11,95 $
☐ Journal de voyage Ulysse (format poche)	8,95 $

QUANTITÉ	TITRE		PRIX	TOTAL
			Total partiel	
			Poste-Canada*	4,00 $
Nom :			Total partiel	
Adresse :			T.P.S. 7%	
....			Total	
....				

Paiement :   ☐ Visa   ☐ Master Card

Numéro de carte : ....

Expiration : ....   Signature : ....

ULYSSE L'ÉDITEUR DU VOYAGE

4176, rue Saint-Denis, Montréal, Québec

☎ (514) 843-9447 fax (514) 843-9448

Pour l'Europe, s'adresser aux distributeurs, voir liste p. 2

* Pour l'étranger, compter 15 $ de frais d'envoi